親鸞聖人の救済道

――臨床の視座

宇野　弘之　著

国書刊行会

はじめに

親鸞聖人《しんらんしょうにん》（承安《しょうあん》三（一一七三）年〜弘長《こうちょう》二（一二六二）年十一月二十八日）は、鎌倉時代に生きた念仏聖《ひじり》であり、浄土真宗（真宗）の御開山《ごかいさん》として崇《あが》められ、御遠忌《ごえんき》七百五十回忌《かいき》が営まれようとしている今日、なお大勢の現代人に祖師聖人《そししょうにん》として崇敬されて人気が翳《かげ》ることのない宗教者である。

果たして本当に仏教が人々を救うことができるのであろうか。親鸞精神による現代人の救済は可能であろうか。

その根本のところの問いが人々の関心の的になり、人々の興味の焦点となっている今日、その親鸞聖人を再探訪してみようというのが本著の構想である。

換言してみると「臨床救済道の視座」と考えられよう。

日本仏教の「民衆救済史」に見られるように、大乗仏教としての日本仏教は、民衆を教化し、民衆が救済され、民衆に喜ばれ、歓迎され、発展もし、日本的展開を見せ、開花結実した仏たちの足跡があろう。

忘我利他《ぼうがりた》（我を忘れ他を利する）「優れた教え」「偉大な教え」として生きとし生ける者を救っ

て悟りを得させ、自利利他《じりりた》円満な広大な教義体系を形成しているようにも見える。

二十一世紀という時代社会の中で、今日の環境問題や福祉の問題に聖人の思想がどのように生かされ衆生救済に貢献しうるか、仏教の現代社会における役割についても親鸞思想の了解《りょうげ》として探究し著述してみたいと念願している。

単なる机上的な煩瑣《はんさ》哲学（スコラ学）ではなく、病床にて病人を診断し治療する臨床の視点から、聖人の臨床的実践思想の展開を試み、人間救済道を考えたいというわけである。

中世より近世、近代と七百五十年の歴史的歳月が流れ今日の現代社会に至り、地球温暖化問題や高齢少子化社会の医療福祉問題などなど多くの新しい社会問題をかかえ、改めて仏教者による衆生《しゅじょう》（人々）の救済という課題に迫られている。

そこで、なぜ今親鸞かという問題も問われるであろう。今日、「蓮如《れんにょ》上人に学ぶ親鸞聖人の教学」という問題のみならず、「地球環境と仏教、福祉」というテーマにまで問題の所在は拡大している。

浅学菲才《せんがくひさい》の愚生《ぐしょう》であるが、そこにおいてなぜ今親鸞なのかを論述してみたい。『孫、子に贈る親鸞聖人の教え』（法藏館）と共にお読みいただき、お気付の点については御指導いただければこの上もない慶びである。

平成二十二年正月　著者

目次

第二章　日本仏教民衆救済史

第三章　親鸞聖人のおもいやりの心、救済道

第一章　今なぜ民衆臨床救済道なのか

われらの救い

仏教福祉の原点

「臨床」という二文字は「病床に臨むこと」を意味する。

そこには治療を求める患者の声と臨床家、専門医療スタッフたちの問題解決に向け臨床アプローチ、問題解決対応がある。つまりベッドサイドの治療であろう。

臨床の視点から見ると、ゴータマ・ブッダ（Gotama Buddha）の手法にその原点があるように思える。人々の精神的素質に従って法を説く対機説法《たいきせっぽう》を、医師が病に適応した薬を与えること、応病与薬《おうびょうよやく》に喩え、ブッダを医王と呼んだ。

古代インドに耆婆《ぎば》（Jivaka）という名医がいて手術を行ったというから、耆婆は外科医であったと考えられる。人が毒矢に当たると生きていることができぬが、毒矢が刺さって苦しむ患者の毒矢を医師立ち会いのもとに抜き、人命を救助をする毒矢の喩えの物語は、臨床の視座としてよく知られている。

優れた医者・大医王ブッダは、衆生の心の病を癒す医王であり、心の病の治療が専門であったと考えられる。

仏教で言う心の病とは無明《むみょう》と煩悩《ぼんのう》である。

無明は、われわれの存在の根底にある根本的な無知である。生老病死のすべての苦をもたらす原因、真理にくらい物事の真実を理解できぬ、最も根本的な煩悩・迷妄であり、真《しん》如《にょ》に対する不覚《ふかく》によって妄想心が起こる。無明が人の本性を酔わせる。苦しみの果報を生じ、生死流転して暗黒の生活を続ける。智慧の光の対であろう。

煩悩は、心身を煩わし悩ます精神作用である。

三毒、貪り（飽きずに欲しがる）・瞋《しん》（怒り）・癡《ち》（真実の智慧がなく、正しい道理を洞察できない、そのことにうとい愚かしさ）である。煩悩の燃え盛る人間の浅ましい姿である。煩悩に惑わされ煩悩のため堕落し、命取りになることもあり、解脱を得る上で人を苛み、障害、妨げ、障りとなることのある精神作用であることは間違いない。

つまり仏教の開祖、釈尊が仏教の根本として「臨床救済道」をお示しになっておられるのである。

私たちは今仏教の出発点、根本仏教における「臨床の視座」を探究し、ひもとく必要があろう。

それは本当に仏教が人々を救うことができるのか、その根本のところの問いでもある。臨床の視点は、仏教語で言う「衆生済度《しゅじょうさいど》」、「生きた人間」を対象としている。

衆生とは「いのちあるもの」「生きとし生けるもの」「生あるもの」「世間の多くの人々」「もろびと」である。「尊敬すべき人々」（大乗仏教徒）であるとも言える。

原語 **sattva**（梵語）を、古くは「衆生」と漢訳し、玄奘三蔵《げんじょうさんぞう》（六〇二～六六四）以降の新訳では「有情《うじょう》」と漢訳している。

有情の情は「心」を意味し、「心の有る生きもの」「一切の生きもの」「感情や意識を有する生きもの」を意味する。

感覚のない草木や山河は情がなく、非情・無情であるので有情とは言わない。有情とは「生存主体」その人々、時には仏・菩薩を意味する語である。

衆生済度の済は「救済」（救い助ける、救助）、度は「度脱《どだつ》」であり、「迷える衆生を導いて悟りの彼岸《ひがん》（河の向う岸。河のこちら側（此岸《しがん》）に対する語、理想・悟りの世界）、極楽（極めて安楽な場所や境遇）に導くこと」である。

制限を加えて自由にさせない束縛から離脱、離れ抜けて自由になること、現世の苦悩から解放されて絶対自由の境地に達すること。解脱《げだつ》であろう。すなわち人々を迷いの大海、生死《しょうじ》の苦海から救い、極楽に導くのである。

「生死」は文字通り「生と死、生きることと死ぬこと」「生まれかわり死にかわって、絶えることのない迷いの世界」である。輪廻《りんね》の生存である現実社会の苦しみ、老いと死の人生航路であろう。

インドの古代の考え方、輪廻流転は、車輪のめぐるようにとどまることなく生死を繰り返す生存の形式として、迷いの世界、三界《さんがい》（欲界《よくかい》、色界《しきかい》、無色界《むしきかい》）・六道《ろくどう》（地獄、餓鬼、畜生、修羅、人間、天上）に生死を繰り返す生存状態を意味する。世の中、世間を輪廻という言葉は意味している。迷い続ける流転のことである、迷いの世界をさすらう、輪廻の生存である。迷妄のため、六道・四生《ししょう》の間を生まれかわり、迷いの生死を続ける。

「極楽を願うよりは地獄作るな」との諺もあるように、極楽往生を願うことは大切であるが、この世で悪因を作って地獄へ落ちるようなことをするなという誡《いまし》めである。悪因悪果《あくか》、わるい結果を生ずる原因を作るな。わるい原因（事物の変化を引き起こすもの）は、わるい結果の実を結ぶ。結んだ実は、原因によって生みだされた状態にあり、因果関係がある。こう考える。

流転輪廻は、人々は「無明」の惑いのため、生死の迷界を流転して極まりない。無明は、真理に暗い闇、でたらめであろう。サイコロの目が出たとこ勝負の無責任な言動、筋が通らない〝でまかせ〟、因果応報を否定する考えである。無知、知識がない、智慧がない。愚かで恥を恥とも思わない堕落ぶりを「無明」というのである。

物事を正しくとらえ、真理を見究める認識能力としての智慧は般若《はんにゃ》（prajñā）、宗教的叡《えい》智《ち》と言われる。

物事を全体的に直観する能力、英知、智は、世の中に向かって発現する分別智《ふんべつち》である。それは差別相対の世界で働き、心の働きが対象を思惟し、計量する概念作用に加わった認識能力であり、慧はさとりに導く般若、宗教的叡智であろう。

智は、心に照らして見分け、慧は了解する。例えば無我を知り、自楽に執せぬ。通俗的には賢さ、智慧ある人と言われ、智慧の念仏は、よく知られている。

つまり臨床の視座とは、いのちある生きとし生ける人々を救済し、人々を理想とし悟りの世界に導く治療的叡智であり、束縛や強制、障害のない絶対自由の境地に住する救済道とも言えるだろう。

ブッダの「心の病」治療原理

仏教に見られる心の病

a. 心の病、その原因は、煩悩（kleśa、惑）であり、身体や心を悩ませ、かき乱し、煩わせ、惑わせ汚す精神作用である。我欲、我執の目的を達するための心作用により、人間は、苦楽の相対的世界に沈み、常に束縛されると〝煩悩具足《ぼんのうぐそく》の凡夫《ぼんぷ》〟としての人間存在、人間観を明確にする。

b. 病名は、顚狂《てんきょう》、心乱、狂乱、鬼病《きびょう》、魔病などという。

c. 心の病の治療法、精神療法または呪術療法、薬物療法など次のような治療法が考えられる。

(一)坐禅療法……食は消化しやすく、気息は調和するという肉体的効果がある。病苦を除き病難をはらう（一切禅）、衆生の煩悩をのぞく禅（除煩悩禅《じょぼんのうぜん》）。

止観《しかん》療法は、精神をある一ヶ所に集中することによって病を癒そうとする方法である。止は禅定《ぜんじょう》。息、停、対不止のこと。停は心を停止、不動ならしめる作用を応用し、精神をどこに停止せしめるかというと病の局所、臍下丹田《へそたんでん》、臍の下三センチまたは七・七センチのところは息が出て、またかえってくる気海《きかい》にあたり、万病を消呑するところである。足下に五臓の翻破を正常ならしめる。
(二)数息《すそく》坐禅療法……呼吸調節を併用、出入する呼吸を数える観法である。
(三)法悦療法……法悦、法喜は、心の糧を意味する。
(四)懺悔療法……病因を自己の悪業の報いに帰する。懺悔によって病根が断たれたら犯した罪などは消滅し、疾病は消えていく。積年の病苦も払うが如く消える。懺悔による治療の功、業病を治す方法といえよう。
(五)経力療法……経典を読誦《どくじゅ》することによって自己、他者の疾病を治す療法である。病なく、不老不死、四百四病にかからぬ。
(六)慈念力《じねんりき》療法……人間を苦痛から救ってやりたいという聖者の慈悲心、大慈悲の念、念力がひとたび病者のうえに向けられると奇跡的効果をもたらす。
(七)願力療法……聖者が凡夫の苦しみを救おうとして起こした誓願の力によって、平癒する。
(八)光明療法……仏・菩薩のはなつ光明に照らされて疾病(狂)も治るという信仰療法である。
(九)触手療法……智慧の薬をもって心身の病を治す。身体を釈尊がなでたところ、たちまち病苦は消えた。

（一〇）威力療法……仏・法の威力のあらわれ、仏や菩薩が過去において積んだ広大な功徳の力によって生まれながらに備わっている威力のことで、法威力には布施、持戒《じかい》、忍辱《にんにく》、精進、静慮《じょうりょ》、般若の六波羅蜜《はらみつ》があり、布施の威力としていろいろな苦悩を除くという。布施をしたその人に功徳があり、威力・効果がある。

（一一）呪術《じゅじゅつ》療法……祈禱《きとう》、または呪文による。古代インドなどでよく呪術が行われた。

本療法については、呪術否認説、是認説、賛否両論あろう(1)。

ブッダ・釈尊の仏教は、「離苦得楽《りくとくらく》」「転迷開悟《てんめいかいご》」を説法した。苦悩を除去し常楽と理想に人々を導き（「離苦得楽」）、無明煩悩を離れて解脱に至らしめることを根本目的とする（「転迷開悟」）。すべての人々の苦悩を除き、社会を救済する真理は、般若（智慧）であると言われる。

いかにして不安や苦悩が発生するか、いかにすれば苦悩を脱することができるのか、苦悩の解決の方法、その実践修行の方法を説き、人生の理想は「心身相関《そうかん》」というこの現実の世で「精神の自由」が得られるのでなければならないとした。

心身相関は「心身一如《いちにょ》」とも言い、「身体と心とは一体不離のもの」とする東洋的思惟である。身体を離れた心があるはずがなく、心を離れた身体はあり得ぬ。不二一体《ふにいったい》である。修行においても、心のみの修行もなく身体のみの修行もない。

心身一如の立場は、人間の本来の在り方であり、互いに相関係し、一体不離のものであると考える基本的立場である。心身一如を踏まえた上でブッダは、人間の心を凝視し掘り下げ、心の理をあかそうとする。人生は二度とない。たった一度の人生にあっておのれを見失うことなく、心穏やかに慈愛深く生きることをブッダは提言する。つまり人間としての生き方、その人らしい生き方を求めるのである。

ブッダ・釈尊は、菩提樹下の成道において「縁起《えんぎ》の法（pratītyasamutpāda、プタティートゥヤサムットパーダ）」を語る。縁起とは因縁生起、他との関係が縁となって生起するというブッダの教えの基本である。存在するものはすべて「相依相関《そうえそうかん》の関係」において成立しているという考え方である。

ブッダは、縁起観は一般の人々にわかりづらく、智慧のすぐれた者が自らの理解のために学ぶものであると、最初の説法において五人の比丘に「四諦説《したい》」を説いた。

四諦の諦はsatya（梵語）、真理。四諦とは、四つの真理という意味である。

四諦説とは、

一、苦諦《くたい》……この世は苦であるという真理。

二、集諦《じったい》……苦の原因は世の無常と人間の執着にあるという真理。

三、滅諦《めったい》……無常の世を超え、執着を断つことが苦滅の悟りの世界であるという真理。

四、道諦《どうたい》……滅諦に至るためには、八正道の正しい修行方法、実践方法によるべきであるという真理である。

以上の四つの真理は、医王としてのブッダにより、人々の心の病気としての苦しみ・悩みを癒すための原理として説かれたもので、ちょうど医者が心身の病気を治療する原理に類似している。

苦諦

治病原理……正しい診断・病状の把握をすること。

ブッダの心の病治療法……苦しみ悩んでいる人の苦悩の状態を正しく突き止めること。苦が苦として正しく突き止められることが大切。誤らない正しい見方をすることが要求される。

四苦

(一)「生苦《しょうく》」生まれる苦、生きる苦

(二)「老苦」老衰の不自由……身体の不自由をもたらす老衰の苦痛。老衰から生ずる未来の憂慮不安が一層苦痛の種となる。

(三)「病苦」病気の苦痛……病気のためにおこる、仕事や目的計画などの挫折、経済力や地位名誉、権力などの損失、絶望、自分の家族の経済不安、未来の不安などを思い悩むことから生ずる精神的苦悩に痛烈なものがあり、宗教が解決を目指すのは、このような精神的なものが主となっている。

(四)「死苦《しく》」臨終の死の苦しみ……死により自分や自分の家族がどうなるのであろうかという不安、恐れが精神的苦悩となって現れる。とりこし苦労とも言える側面もある。

四苦は「生」「老」「病」「死」を通して感じられる精神的な苦痛を意味する。

集諦

治病原理……その病気がいかなる原因から起こったかという病因を正しくつかむこと。

正しい病因がつきとめられなければ、正しい治療は行えない。

ブッダの心の病治療法……苦の原因理由を正しく見極めること。外的な条件によるか、

心的な原因からきているか、内外の両面に由来するか正しく突き止め、苦とその原因理由との因果関係を誤りなく見極めることが大切であろう。

四苦八苦などの精神的な苦悩は、主としていかなる原因理由から生ずるか。

それは三つの愛に由来する。

（一）欲愛……肉体的感覚的な愛欲として渇愛《かつあい》、愛欲はやがて悲哀や苦痛の糧となる。愛欲（kāma）は本能的なものである。種族保存や個人維持のためにはなくてはならぬもの、渇愛（tṛṣṇā）は、盲目にして自己中心的なものであり、激しい愛欲は排除されるべきであり、自己中心を離れた愛へと浄化されねばならず、その時、愛情は慈悲の愛となる。

（二）有愛《うあい》……有とは、存在を意味する。幸福な永遠の存在を熱望することが有愛である。有に対する渇愛がある。現実は、苦に満ちたもの。せめて来世は、天国に生まれて幸福な生活を送りたいと、現世を無価値なものとしていたずらに来世の幸福を夢想し熱望するであろう。

（三）無有愛《むうあい》……存在のまったくなくなった虚無に対する渇愛である。苦を脱するために、存在のまったくない虚無の状態が望ましいとする虚無主義であり、人生、世界の相を正しく見ぬものとして退ける。われわれの理想を妨げる「煩悩」であり、根源は、無知盲目「無明」から発生したものである。無知盲目の誤った欲求が苦の原因である。

滅諦

治病原理……病人に対する最善の治療法を施すこと。

ブッダの心の病治療法……苦が滅した理想の状態であり、それは苦と無苦を見極める標準となるもの、それに達した人でなければその実際の境地はわからない。煩悩をすべて残らず除き去った理想の状態である。体験によって自得さるべき性質のもの。理想意識が深まるにつれて、理想に反した現実の苦悩やその原因理由、「煩悩」「障《しょう》碍《げ》」など欠陥が次第に明瞭となり、その欠陥除去の意識や決意も起こるようになる。

道諦

治病原理……患者の心の病気に応じて最も適切な薬を与え、心病を治癒する応病与薬である。

ブッダの心の病治療法……苦悩あるマイナスの心を、苦悩なきプラスの理想へと一歩一歩向かわせるための方法であり、苦の直接原因である。集（苦しみの原因）を除く八《はっ》正道《しょうどう》の修行で、苦悩解決のための直接・間接の方法がすべて用意されていて、心身共に人格全体を向上させ、完全な人格者としてのブッダに至らしめようとする。八正道は最初、中道《ちゅうどう》として説かれた。官能の欲求のみを追及する極端な行為も、身を苦しめる苦行に専念するような極端な行為も、共に人生の理想に至り達することのできないものであり、正しい悟りへの方法としては、この二つの極端を離れた中道でなければならないと、正見乃至正定《しょうけんしょうじょう》の八正道が説かれた。

八正道とは、

（一）正見……正しい見解。世界観、人生観、因果の道理、縁起の道理を正しく知ること。正見の反対は邪見である。「因果応報」の道理を疑ったり否定したり、「諸行無常《しょぎょうむじょう》」「諸法無我《しょほうむが》」の道理を知らず、実体や本体を立てて実我実法に執着する身見、常住実体説、虚無断滅説などの二辺に執着する辺見《へんけん》、戒禁取《かいごんじゅ》（戒は仏教以外の派で守る戒。禁はその誓い）その両者に執着する誤った見方すべてを含む。このような邪見により無明・煩悩が除かれず、この「邪見」が最大の障碍である。正しい人生観が得られ、ものの考え方が正しくなり、心を正しい方向に向け、正しい計画を立てる。方針が立てば、正見によりその後は軌道に乗り、正しく進むことができる。正見は正信とも言う。

（二）正思惟《しょうしゆい》……正しい考え方、意志決定、決意。ものの考え方が公平で正しく、自己中心的な貪り、害心（人に危害を加えようとする心）が除かれる。

（三）正語《しょうご》……正しい原語的行為。妄語（うそつき）、悪口（人をののしる）、両舌《りょうぜつ》（ねたみ、中傷によって仲たがいをさせる、他を陥れ自己の利益をはかろうとする）、綺語《きご》（役に立たないおしゃべり、つまらないおしゃべり）でない正しい言語を望む。

（四）正業《しょうごう》……正しい身体的行為。殺生、生き物を故意に殺すこと、偸盗《ちゅうとう》（他人のものを盗む）、邪淫（不倫）、三つの身体的悪業を離れること。生き物を愛護し、財物、教えを施し与え、正しい夫婦関係を保つことが正業である。

（五）正命《しょうみょう》……正しい生活法。正しい手段によって、衣食住を得ること。自己の職業に忠実で真面目な生活をすること。正命は正しい生活法である。すなわち正しい規則的な生活であり、夜は寝て、朝は起き、食事を一日三回し、健康にも配慮した質・量を摂取し、学校や職場に出勤し、休養・運動・娯楽と日々の生活を規則的にする。生活のリズムを保つことによって健康が保たれ、仕事の能率も上がる。人間生活のリズム、規則正しい生活は、精神・身体の健康回復に極めて大切な基本的事柄である。

（六）正精進《しょうしょうじん》……正しい努力、勇気。正しい努力である。健康に悪い暴飲暴食、不規則な生活、悪い習慣はつくらず取り除き、よい習慣をつくるように努力する。善い習慣は増大させる。それによって健康は増進する。勇気も必要である。正しい勇気とも言えよう。

（七）正念《しょうねん》……正しい意識、注意。正しい見方を常に忘れず失わないことである。常に注意を怠らず、うっかりぼんやりすることがないことが正念である。

（八）正定《しょうじょう》……正しい精神統一。正定とは、精神の統一と心の平静を得ること。無念無想の状態。ブッダは正しい智慧を得、神通という不思議な力も得られた(2)。

医者の王としてのブッダの応病与薬の治療法は、人々の精神的素質、資質、要求に応じて、個々別々に病に適した薬を与え、現実そのものの中から解決の道を見出そうとする。一切の形而上学的独断を排し、人間生活を秩序付けるダルマ・真理を基にしてさまざまに教説する。

人間には我見《がけん》、自我がある。永遠に変わらない主体があると誤って考え、常一主宰の自我があるとそれに執着する。われわれの肉体、精神が諸条件の集まりにすぎないことを知らず、実体的な自我があると考え、わたくしを実在視する。そして我あり、我が存在すると自己の見解にとらわれて離れず、己を頼みとし、自己の意見に執着し、自己を中心とする考えに執着する。自己を貪り愛する。

実体としての自我があると思う妄想、迷妄にさいなまれ真実が見えない。行為主体としての自己は、仏教も積極的に承認するが、存在するものには自体、実体、我というものはない。空（śūnyatā）色即是空《しきそくぜくう》、空即是色《くうそくぜしき》で知られる、空の理法を見ることである。そのような真実の智慧を般若（prajñā、プラジュニャー）と言う。真実を見る智慧の眼である。般若の眼は、自我そのものが虚妄性の根本は無智（無明）によるという。[3]

無明（avidyā、アビドヤー）は、人生の真理に対する正しい智慧のないことで、事象や道理をはっきり理解できない精神状態である。苦悩や不幸の根本原因とし、「愚痴《ぐち》」をその姿とする。この誤った智慧によって人間のあらゆる行為経験が積まれていく。人間の行為は妄分別《もうふんべつ》、顚倒、常道に違背し、正しい理に反した知による虚妄の自我、不覚によって形成されていく。憶想分別（samjñā）である。

憶想分別とは、心であれこれと思うこと、あれこれと思いをめぐらすこと、はからいである。妄分別（vikalpa）は普通の認識判断作用である。主・客対立的に物事を認識する主観の働き・認識作用であり、みだりにとらわれる。主観によって組み立てられた差別相対の虚構の認識である。妄想分別である。妄想は、くよくよ考える誤った想念であり、ないものをあるとする想い、虚妄不実の想念、正しくない考え、迷妄の執念である。[4]

自我の虚妄性を智る般若の智慧は、一切の真実を見究める智慧であり、存在のすべてを全体的に把握するに至る。八正道、波羅蜜《はらみつ》を修めることによってあらわれてくる。

ブッダの応病与薬の診断は、心の病の根源に憶想分別、妄分別があり、迷妄の執念が現代人の心の病を発生させる根本である。そして、その治療法として、八正道・中道の実践、特に生命、正しい生活規則による生活療法、生活リズムの回復に治療の鍵があるように思われる。

仏教の智慧による生活療法とも言える。生活のリズムを回復する、規則正しい生活であり、仏教者の修練とも言える精神療法であろう。

注

（1）仏教思想研究会編『心』平楽寺書店、一九八四年、二九頁。中村元「心の反省」

（2）水野弘元『仏教の原点』佼成出版社、一九七四年、八二～一〇六頁。

（3）上田義文『大乗仏教の思想』第三文明社、レグルス文庫七五、一九七七年、九一頁。

（4）中村元『仏教語大辞典』東京書籍、一九七五年。

規則正しい生活

うつ病は、リズムの病気である。睡眠、食事、散歩など、時間をきちっとさせ生活のリズムをつくる工夫をすべきであろう。精神の病でない神経症・ノイローゼは、心理的ストレスによって生ずる軽い心の病気であり、赤ちゃんから老人まで、誰でもいつでも状況次第でおこってくる病気、いや病気と言うよりも、悪い習慣癖が助長されて、日常生活が円滑に行われないようになったものであろう。うつ病には薬がよく効き、神経症は、薬より精神療法（心理治療法）が効果的であると言われる。規則正しい生活、生活のリズム回復が健康回復にとっても大切であることを諭している。

人間関係論

一七一九年刊のデフォーの小説『ロビンソン・クルーソー』の船員のロビンソン・クルーソーは、難船して無人島に漂着し、自給自足の生活を築くが、私たちは、無人島でただ一人、生涯暮らすことができるならば、一人だけの暮らしを望む人もいるかもしれない。

しかしながら人間はただ一人では生きてゆかれず、共に生きる社会性、集団をつくって生活しようとする根本的な性質があり、社会生活を営む社会的動物である。

その社会生活の根本には、ahiṃsā（不殺生）、mettā（慈悲）がある。

ブッダの語る人間関係に関する徳目のうち、最も重要なものは不害（ahiṃsā、不殺生）と慈（mettā）であろう。

ahiṃsā は、hiṃsā（ヒムサー。殺生、傷害）に否定詞 a（ア）を冠したもので不殺生であり、人間関係論として最も基本的なものであろう。

この不殺生の人間関係論は最も崇高な思想であり、世界平和の理念としてもっと強調され、実践されて良い、和を敬い尊ぶ仏教精神である。

人間の最も基本的な願いは、生きるということ、「生存」であろう。命あることは尊く、生きる意味の探求も教育も万般、命ありて行えることで生命の重要性、尊さは改めて認識されるべき大切な事柄に違いない。

自分の命、御身も大切にしなければならない。人間にとって自分より愛しいものはない。ブッダは「されば自己の愛すべきことを知る者は他人を害してはならない」という。

不殺生、不害は社会生活、人間関係論の最も基本的なものであろう[1]。

不殺生、不害思想の積極面は愛の全人類的拡大、すなわち人間愛、仏教の言葉でいう慈悲の心が根本にあろう。

親が子を思うが如き心である。

慈（mettā）の原意は mitta（友）、それが抽象化され、mettā（友情）となり、慈の意味をもつに至った。もちろん動物的な愛、血縁の結びつきとも異なることは申すまでもないことである。

慈は普遍的愛、愛の全人類的拡大にほかならない。それは人間的な「友情」を意味する。人間は自身をよく理解し、存在の深いところを洞察する必要があろうが、人間存在の真相を理解し、その上に涙をそそぎ得る者にして、初めて他の人々の上によく涙する者であり得るであろう。仏教語の同苦、同悲というのはそのことである。

仏教の普遍的愛の概念は、通常「慈悲」、「慈」に「悲」の一字を加え、「慈悲」として知られている。

悲（karuṇā）は呻《うめ》きを意味する人間の悲しみの表現である。人間は喜びというよりむしろ悲しみの中によく共感し得るものがあろう。悲しみを通し、人間の心の奥深い存在の奥義より生きとし生けるものの上に拡がってゆく全人的な愛、それが普遍的な愛、慈悲であって、仏教思想の特色として、その愛は人間のみならず生命ある生きとし生ける者すべてにおよぶのである。

戦争、民族紛争、歴史や地上における人間の残虐な殺戮行為を思う時、縁起観（人間皆父母兄弟なりの思想）および不殺生（普遍的人類愛の思想）は今日もっと強く堂々と主張されて良い世界的な愛の思想、哲学であり、人間関係学、論としてきちっと構築されてよい時を迎えているであろう。現代人が忘れてはならない人間関係の重要な徳目であろう。

不殺生の思想

十善戒の一つに、生きものを殺すなかれ、命をことさらに殺してはならぬ（ahiṃsā、不殺生）という教えがある。人間同士が殺しあったり、人をして殺させたりしてはいけないと諭す。生命を愛護し、育成するという積極的な意味を持つ不殺生戒である。

すぐ人を殺害してしまう生命軽視の風潮の時代社会。戦争を含め殺生は行ってはならないが、人間は残虐な生きものである。性善説では処理できない残虐行為をするのが人間という生きものであろう。

一九二一年、ヒトラーが創建した国家、社会主義ドイツ労働者党（National sozialist）、ナチス（Natis、ナチ党員の複数形）によって代表される右翼的全体主義は、ユダヤ人の大量虐殺を行ったヒトラーの残虐なナチズムとしてよく知られる。

日本の軍国主義、ミリタリズムは一国の組織を全部戦争のために準備し、戦争をもって国家威力の発現と考え、第二次世界大戦では多くの戦死者を出した。

戦後六十年、わが国はいまだに韓国、中国から侵略者の侵略行為として怨念、恨みの思い、怨敵にされている。米国はベトナム戦争敗戦にも懲りずにイラク戦争の大量虐殺を行い、テロリズム（terrorism）、テロリストの暗殺行為の報復に手を焼いている状況にある。

アメリカに追従したイギリスも、イスラム教徒のテロ攻撃に大きな犠牲を出している。人間は、残虐な生きものであることはよく理解できるであろう。

ahiṃsā という人命救助、命尊しというブッダの提言がもっと人々に理解され、政治的指導者に支持されるならば、人間がお互いに命を尊びあい共に生きる社会が実現するであろうに。二十一世紀は戦争のない世紀でありたいという願いが早々にイラク戦争の勃発により崩され、テロも含めて殺しあう危機的なテロとの戦いの世紀となりつつある。人間を最も貧困に誘導するものは戦争であり、不和であり、戦争の犠牲者、家族解体という現実により、言動では筆舌に尽し得ない社会病理現象が発生する。

二十一世紀の今日にこそ不殺生思想、生命を愛護し育てるブッダの教訓、仏教精神が必要不可欠である。家族が円満に力を合わせ、平和な社会の中で安全に笑顔で暮らすこと、筆者の言葉で言えば「仏教精神による生活」がいかに大切かは、敗戦を経験した日本人の私たちには理屈なしに重要性が理解できるであろう。しかし ahiṃsā の精神は、意外に現代人の私たちに知られていない。

もっと世界に ahiṃsā、人命を尊ぶ精神が理解され実践されるならば、多くの人々が幸せに暮らせるのであるが、その普及、支持が望まれていることは申すまでもなく重要な事柄であろう。

戦争における死は、大量死であるがゆえに、さらにまた問題である。人間には闘争心があり、地球から戦争のない世紀は、歴史上見ることは不可能とすら思える。

戦争では「殺すことは殺人ではない」ということなのか。国の命令で行われる戦争殺人は「立派な高貴な行為」、お国のためと賞讃されてきた。果たしてそうなのであろうか。

自分の国の若者たちを使って殺す、能力の最善を尽くして敵軍の兵士たちを傷つけ殺すこと。その命令は事実としての殺人行為の奨励であり望ましいことではない。

ナショナリズム（nationalism）民族主義、国粋主義、国家主義の狂信は、他国はともあれ自国民の利益福祉の確保を第一とする考え方である。

わが国はお国のためという国粋思想教育を受け、神風特攻隊や、真珠湾攻撃を行ったが、第二次世界大戦は広島と長崎にアメリカの二発の原子爆弾が落ちたことで終戦となったことは記憶に新しい。大勢の尊い命が犠牲となった痛ましい戦争であった。

その悲惨な戦争を二度と繰り返してはいけないという精神が、ahiṃsā（不殺生）の思想なのである。

注

（1）増谷文雄『仏教概論』現代人の仏教十二、筑摩書房、一九六五年、一五四～一五五頁。

共に生きる縁起共生社会

すべての障害児、障害者、弱者が可能な限り、普通の市民と共に育ち、学び、働き、憩うことができ、日常的交流、社会的交流がし得るような生活を確保すること、そういう地域社会をつくりだすこと、共生社会の実現は大切なことであろう。共に対等、平等に生きる社会を形成するには、偏見や差別意識、特別視の意識の改革が求められよう。

さまざまな障害者を差別することなく存在させる社会こそ正常な社会であり、普通の市民としての生活水準を維持し生きられる社会は、万民の人権を大切にし保障する社会である。

共生社会とは、障害をもつ者、健常者、老若男女、すべての人が平等に人間らしく差別を受けることなく、共に生きられる社会である。

縁起説（観）は、原始仏教以来、部派仏教（小乗仏教）、大乗仏教のすべてに通じて、その根本教理をなすものということができる。仏教とは何かと一口にいえば、それは縁起を説く教えであるといわれる。(1)

原始仏教から大乗仏教に至るまで、インドの仏教から中国や日本の仏教に至るまでのすべての仏教は、縁起説をその中心思想としている。故に、縁起説が充分に理解されるならば仏教そのものが理解されるのである。縁起説こそは仏教の中心思想であると共に、仏教独自の特徴を示すものであるといえよう。(2)

縁起《えんぎ》(pratītya-samutpāda : paṭicca-samuppāda)とは「縁りて起こること」。「縁《よ》りて」は条件によって、「起こること」は道理である。すなわち、種々の条件によって現象が起こる起こり方の原理であり、相依性、現象の相互依存の関係を言うのである。

釈尊は、菩提樹下において縁起の道理をさとり仏陀となられた。

仏教独自の四諦《したい》や縁起の学説を誘引するために、予備的入門として因果業報説《いんがごうほう》を説かれた。善因善果、悪因悪果の因果関係、時間的因果関係を説くのが因果業報説であろう。

現象の関係には時間的因果関係だけでなく、周囲の事象との同時的な横の関係、相互関係をも加えて複合的・全体的に眺めるものとがあろう。真の縁起説は後者であろう。

縁起説の基本

縁起説の定義、原始仏教における縁起説の根本的な定義は、

是あれば彼あり、是生ずれば彼生ず(順観)

是なければ彼なく、是滅すれば彼滅す(逆観)

imasmiṃ sati idaṃ hoti, imass' uppādā idaṃ uppajjati ;
imasmiṃ asati idaṃ na hoti, imassa nirodhā idaṃ nirujjhati.

これは一切の存在はいかなるものであっても、すべて相依相資の関係上においてのみ成立しているという意味である。《S.N. vd.2. pp.65,70,78[3]》

一　個人の縁起関係

個人の存在について見ても、その人の現在は、その人が今までに経験してきたすべてのものの総和からなっている。それは、その人がこの世に生まれてから後に、種々なる環境のもとに養育され、いろいろの家庭的・学校的・社会的な教育を受け、種々の人と接触してきたのであるが、その時々のあらゆる経験は決してそのまま消滅するものでなく、なんらかの形でその人に保存されている。その刻々の経験の善悪に従って、その人の人格を善い方にか悪い方にか変えて行い、その人の人格を形成する。われわれの人格としての知能・性格・性質などは、われわれが生まれた後に、時々刻々に経験してきたものの総和である。[4]

衣食住などの経済関係、有機的な連帯関係

われわれは衣食住を得るのにも世界中の人々の手を煩わせている。パン一個、ハンカチ一枚がわれわれの手に入るまでの経路をたどって見ても、それがいかに多くの人々の手を経て、生産・運搬・加工・販売等々が関係しているかを知ることができる。極言すれば、世界のすべての人々の協力なしには、われわれの経済生活は一日として営まれ得ないであろう。これを逆にいえば、われわれが存在して消費するから、世界のあらゆる生産・運搬・加工・販売が営まれ、また金融機関や交通通信機関も、その他万般の社会施設も、直接間接に関係し合っているのである。仏教で、「衆生の恩」という言葉があるが、これは周囲の社会のお蔭でわれわれの生活が続けられていることを言ったものである。

すべての現象は、無数の原因や条件が相互に関係しあって成立しているものであり、独立自存のものではなく、現象的存在が相互に依存しあって生じている。持ちつ持たれつの関係を縁起観というのである。

縁起説には、一般的縁起と価値的縁起の二つがある。

一般的縁起とは宇宙、人生の現象がすべて縁起的に関係しあっている。〝これあればかれあり云々〟の語句に示されている縁起は一般的縁起という。社会、人生のあらゆる動きは縁起の動きに従って生滅変化している。すべては互いに関連しあって同時に存在してい

るという意味である。

価値的縁起とは、善悪、迷悟、凡聖《ぼんしょう》というように論理的、宗教的価値の上から縁起を見るもので、価値的な縁起を明らかにするためである。十二縁起や四諦説は価値的縁起を説いたものであろう。心内の動きで価値に関係したものが、価値的縁起である。

いかにして苦しみ、悩みが生ずるか、いかにすれば苦悩を脱して、浄楽の涅槃の境地に達することができるか、苦発生の原因理由、苦滅するための手段方法がすべて縁起的に説かれ、すべて価値をともなっている。

価値的縁起には、生死輪廻の迷いの状態、マイナス価値の流転《るてん》縁起とプラス価値の還滅《げんめつ》縁起とがあろう。迷いの生死を続ける迷いの世界をさすらう、流転有為法が因果相続して断絶せぬ働き、衆生が善悪の業をつくり、その結果、苦楽の結果を招く方面、迷いの境地を還滅《げんめつ》、煩悩を滅して、ニルヴァーナに入る理想に向かう正価値の縁起と双方あろう。

流転を脱して還滅に向かうのが仏教の目的であり、価値的縁起では十二縁起、四諦においても流転、還滅の両方の縁起が説かれている。

歴史上の人格、ゴータマ・シッダッタが正覚《さとり》を成就し、仏陀（buddha、覚者）となり、仏伝に関する多くの文献は、仏陀が菩提樹下において縁起の道理を観察して正覚に到達したことを記述しており、その縁起の道理の最も整備せられた形のものが十二縁起であり、そこにゴータマ・シッダッタの仏陀としての成就があろう。

あらゆるものは種々様々な条件に縁《よ》って（縁）、仮りにそのようなものとして成り立っている（起）、そのような立場に立ち、あらゆるものを眺めることを「縁起観」というが、観は人生観、世界観の「観」であり、ものの見方、考え方である。

種々様々な条件とは、親因《しんいん》、因縁《いんねん》(5)であり、何ものかを縁とする「相依性《そうえしょう》」、相互に縁となる「相互依存」観に依る種々様々な条件をいう。条件が変われば成り立ちも変わるというのである。

縁起観は、社会は相互、互いに持ちつ持たれつの相依関係であるという。

相互に依存する相依性は相互扶助、互いに協力することであろう。

人間は一人で生きているのではなく、天地自然の恵み、人々によって生かされている。いろいろな人の恩恵、お育ての中に生かされている。お蔭さまで、そういう皆のお蔭であるという人生観が縁起観といえるのではないか。

人間は一人では生きてゆかれない。共存共栄であり、共に生きるという相互依存こそ社会生活の実際であろう。

人間は、自分一人幸福になろうと念じても一人幸福になれるものではないであろう。家族あり、社会あり、皆が幸せであってこそ自らの幸福もあろう。縁起的連帯に仏教福祉思想の原点があろう。

「一切の男子は是れ我が父、一切の女人は是れ我が母なり。我れ生々に之に従って生を受けざることなし。故に六道の衆生は皆是れ我が父母なり」(『梵網経』)。

「一切の有情はみなもって世々生々の父母兄弟なり」(『歎異抄《たんにしょう》』)。

人間は皆、自分の父母兄弟であろう。

縁起観は、仏教の基本的教説である。現象的存在が相互に依存しあって生じている。すべてのものが相対するものであり、互いに引き合い押し合いすることによって成立している。〝もちつもたれつ〟の関係を愉す。因縁性、縁性、因縁法ともいい、すべての現象は無数の原因(因、hetu)や条件(縁、pratītya)が相互に関係し合って成立していて、独立自存のものはなく、恒久的な実体的存在は一つとしてありえぬというのが縁起観である。

守屋茂『仏教社会事業の研究』(法藏館、一九七一)には、仏教社会事業の思想的基盤として「仏教の世界観としての縁起論」「縁起論から見た社会観」と「縁起論」というが、「縁起観」が正しい。智慧をもって物事の道理を観知する。静かな境地で世界のありのままを正しく眺める「観」、人生観、世界観の観であり、真理を観ずる観である。

衆生を父母、自分の上長、師父の関係においてみる親愛観によって結ばれる人間相互の縁起観によるのであり、縁起観を正しく理解し悟り、身につけると「父母同然のケアー」

という思想と臨床福祉実践の根幹が明らかになろう。

例えば、生活者としてのクライエント、高齢者介護においては、入所者は健康状態に変調をきたす。急変することもあろう。二十四時間介護、時間帯もいろいろである。

さて、ケアーワーカーは救急車を呼ぶべきか、朝まで待つべきか、病院の医師は出勤しているか、かかりつけ医師の往診を待つべきか。他人行儀に振る舞えば救急および治療が遅れ死を迎える。どうしたらよいか。判断に迷う。

ケアーワーカーの判断の根本に父、母、兄弟であったら自分はどのようにするか。自分がクライエント自身であったらどうしてもらいたいか。親身のお世話が基本にあろう。

他人事でなく判断を間違わず質の高いケアーをするために父母同然の介護、お世話、ケアー、援助技術の思想と臨床実践が大切であろう。人命にもかかわり、的確な対応が求められる。

「一切の男子は是れ我が父、一切の女人は是れ我が母なり。我れ生々に之に従って生を受けざることなし。故に六道の衆生は皆これ我が父母なり」(『梵網経』)。

救済、治癒を要する人たちは、皆父母兄弟同然であるという。

注

（1）水野弘元『仏教の基礎知識』春秋社、一九七一年、一五八頁。
（2）水野弘元『仏教要語の基礎知識』春秋社、一九七二年、一五九頁。
（3）坂本幸男『縁起の思想』（『仏教の思想』講座仏教Ⅰ）大蔵出版、一九五九年、二〇七頁。
（4）前掲書『仏教要語の基礎知識』一六一頁。
（5）親因とは親因は直接の原因を意味する。麦粒は麦の実に対して親因である。因縁は、因は結果を招くべき直接の原因、縁は因を助けて結果を生ぜしめる間接的原因である。因縁（nidāna）とは、もと病理を意味する語であるが、仏教では病気の原因のように人間の迷いの生存を成立させる原因をいう。しかるべき理由である。

無財者の福祉実践

　昔から仏像を造ったり寺院堂塔を建てたりすることは、仏に奉仕してその福徳を受けるためのの大切なつとめであろうが、親鸞聖人は、寺院堂塔を建立したりすることは、仏教を興隆させる宗教的行善であることは間違いないとしても、造像起塔《ぞうぞうきとう》の勧進《かんじん》をもって悟りの道が得られたり救済されたと思うことは間違いであり、なおかつ貧しき時代の貧困層には造像起塔の勧進喜捨はなし難い。

　ただ念仏一つの心の依りどころにより弥陀の救済にあずかるのであり、念仏が肝心であり、貧しきゆえに喜捨できぬことをもって「救われざるもの」と信知し悲観失望する必要はないと、念仏に勝る善、救済道のなきことを貧しき世の大衆に語るが、財なき者には無財の七施があり、和顔愛語《わげんあいご》があることが知らされる。

　利他行《りたぎょう》の臨床福祉実践には、救済的な物の福祉ばかりでなく、物、お金によらぬ心のこもった施与もあることを、ややもすると忘れがちであるが、仏教の利他行の在り方、仏教精神が改めて知らされるのである。

無財の七施《しちせ》

力のある人、お金や能力をもっている人が、それをもって人々のために尽くすことが布施、施与《せよ》と考えられがちであろう。

しかし『雑宝蔵経《ぞうほうぞうきょう》』第六巻には有力者のみでなく、力のない人、財がない人も、人に施しができ、生き甲斐を見いだすことができると説かれている（大正蔵四巻、四七九上中）。

七施、七つの施しとは何か。

（一）眼施《げんせ》……目による施し。人を憎むことなく常に好ましい眼差しで他者、人々を見ること。

（二）和顔悦色施《わげんえつじきせ》……和顔、にこやかな和らいだ顔、喜びあふれた顔を人々に示すこと。嫌な顔つきをせぬことである。

（三）言辞施《ごんじせ》……言葉、荒々しい言葉を出さず、優しい、明るい言葉をかける。愛語、愛のこもった言葉を述べること。骨身を惜しまない「奉仕の行い」を言う。

（四）身施《しんせ》……身をもって他者に対し、尊敬の態度を示すこと。身による施しである。

（五）心施《しんせ》……心配り、親身になって喜びを共にする心配りである。善い心をもって他者と和らぎ、善いことをしようと努める。心が和らいだ、善い心でないならば心の施し、心施にならないのである。

(六)床座施《しょうざせ》……他者に座席を設け座らせる。目上の人や年長の人に〝おかけなさい〟と席を譲る日常的な行いである。

(七)房舎施《ぼうしゃせ》……人を自分の家に自由に出入りさせ、泊まらせること。温かく自分の家に迎えたり、雨やどりの場所を提供する。父母、師長、沙門(宗教家)を泊めること。

以上の七施を「無財《むざい》の七施《しちせ》」といい、物質的な寄進をすることができない人々を元気づけ、誰でも実行可能な社会生活を円満に暮らすために必要な事柄として七施が存在するのである。身近なサービス精神、対人サービス、実践思想であり、仏教の臨床福祉実践思想の一つと言って良いであろう。

和顔愛語《わげんあいご》

施設福祉、在宅福祉などの社会的諸サービスにおいて、どうしても援助技術等技術に片寄りがちであり、物事を巧みになしとげる技術、技芸に重点が置かれがちである。社会科学的な援助技術を心得、身につけ臨床福祉サービスを実践することは評価されようが、クライエントとの人間関係において、テクニックのみの対人関係、サービスに何か大切なものが忘れられているように思えてならないのである。

そこにおいては、人と人との顔が向かい合った人格と人格の触れ合い、会話、接触があり対人サービスも、心のこもった他人ごとではない思いやりが必要であろう。

和顔愛語（priya-ālāpa）（『無量寿経』上、大正蔵十二巻、二六九下）は、介護や臨床の現場には必要不可欠な福祉医療実践者の心得、仏教精神であろう。

やわらかな顔色とやさしい言葉づかい、やわらいだ笑顔で人と接し、親愛の情のこもったおだやかな言葉をかわす愛情のある言葉と共にある、人との接し合いである。

女性の奉職者の多いケアーワーカー、看護ワーカーの職場では、和を保つことがなかなか困難な場合が多く、調和が難しい現実があろう。

和を尊ぶ仏教精神は、人々の心がやわらいで協力すること、『十七条の憲法』の通り、調和の大切さが諭されている。古代から現代まで、一貫して和の尊さは変わらないであろう。

いつもにこやかは寛容の精神を表し、お互いが尊敬し合う、存在を認め合う。

和合僧、和尚、和上などという言葉も日常語としてあろう。

仲よく暮らす、人々が仲よく暮らすことは、人間の暮らしの根源であり、不和、和の否定は戦争に結びつき、家庭、社会を破壊して貧困を誘発するであろう。

精神的豊かさ、心の豊かさと経済的物質的な豊かさはつながりがあり、経済的貧困は精神的領域からの誘発であるともいえるであろう。仲よく暮らす、和、仲良きことは何よりも大切、家庭も社会も職場も、和顔愛語でお互いに協力、調和があってこそ質的にも望まれる社会的諸サービスが施与され、浸透するのであり、援助技術力あるケアーワーカーの施設福祉にあっても、プロ集団の職場が和顔愛語。和の見られぬ対立不和集団であっては、そういう雰囲気であってはクライエント側も生活充実感が得られない。すなわち、生活者は人間としての存在であり、人格的な和顔愛語の接し合いが何よりも対人サービスには生活の豊かさを増す大切な心得のあるサービスというわけである。

　そのことは「心のケアー」という概念で言い表すことができよう。

　物的な充実は申すまでもなく、重要であろう。しかし、人間には、物的なもの以上に「精神生活」が重要であり、この領域配慮なしには主体性のある真の人間らしい暮らし、生活とは言いえぬであろう。そこには、人間としての尊厳、人としての生活の在り方の特性があり、動物とも基本的に違うのである。

　動物にも愛情は通ずるが、人間の生活は犬猫の生活と基本的に違い、質の高さや尊厳をもっているはずである。

　その点が、和顔愛語、人格のふれあい、パーソナリティ、話題、会話一つにしても基本的な素養、相手と共に語り合える共通な話題、手をとりあっての語らいが必要であり、援助技術の技芸に心のケアーという人間の尊厳に対する特性があるように思われる。

釈尊の真精神を良く発揮した大乗仏教は、菩薩思想を代表的概念とする。般若は、菩薩の求めんとする「智慧」であり、六波羅蜜は菩薩の「実践行」であろう。大乗の菩薩道は「利他の精神を有する」菩薩の社会的実践であろう。利他行の原動力は宗教的な慈悲、衆生を思いやる心である。

菩薩が何故、大乗仏教の原動力となり、人気と尊敬を集めたか、それは「慈悲活動」という愛他精神によるのみではなく、「求道者」として「共に道を志す者」として現れたところにある。そこに菩薩は大乗教徒の模範たりえ、同朋として、一般の親しみと尊敬を獲得したのであろう。

このように誓願を持ち道を求める菩薩は、大乗興起以降無限に増加したに違いなく、根底にある求道者としての「願い」によって、人々から無限の尊敬を受け、出家者のみならず時として在家者として、人間の理想的な生活態度の模範となり、人々の身近なところにその活動の場をもつのである。

菩薩思想の中心は「誓願」思想であり、背景は仏陀の心であった。大乗の興起は、菩薩観念の変化に由来するとはいえ、時には部派教団の思想的影響をうけることもあったが、やがて、大乗独自の発展をとげ、ついには大乗仏教が仏教の正統として位置づけられていく。

「菩薩」という言葉は、後世には有徳の僧の敬称としても用いられ、インドの龍樹菩薩、中国の燉煌《とんこう》菩薩（竺法護）、日本の行基《ぎょうき》菩薩、忍性《にんしょう》菩薩は有名である。これらはたとえば、文殊《もんじゅ》菩薩は釈尊の青年時代を象徴し、観世音《かんぜおん》菩薩は釈尊の慈悲を象徴する如く、釈尊の精神とのつながりを持っている。

大乗の菩薩としての誓願と修行は、普通人と菩薩の区別をはっきり示すものとなった。法の自覚、誓願の発見が重要なのであり、初発意の菩薩、大乗の菩薩も登場する。

大乗仏教の社会活動——菩薩道

仏教は、横の人間とのかかわりあい、すなわち個人としての人間完成から社会への連帯性の立場、すなわち人間が社会に対して何をなすべきかという点で、どう考え、どう実践するのであろうか、をテーマとしている。

わが国の仏教は「大乗仏教」である。大きな乗り物、自分一人の悟りのためでなく、多くの人々を救う巨大な乗り物のような仏教精神を意味する言葉である。自利よりも広く衆生を救済するための「利他行」を実践し、それによって仏となることを主張する。

利他とは衆生を救うこと、利他行とは換言すれば衆生救済実践であろう。

衆生とは生存するもの、いのちあるもの、この世に生を受けた者、生きとし生ける者、特に人間、もろびと、人々、世の人、世間の多くの人々を意味し、衆生救済とはすなわち、人々を救う社会的救済実践と言えよう。

大乗仏教の実践道、それは「大乗菩薩道」と呼ばれている。

菩薩（bodhisattva）は、道を求め修行し、悟りに向かう人を意味し、「大乗の菩薩」は自分のため（自利）の実践（行）ではなく、他者のため（利他）の実践（行）を行う点に特徴があろう。

利他行＝六波羅蜜の行は（一）布施波羅蜜《ふせはらみつ》、（二）持戒《じかい》波羅蜜、（三）忍辱《にんにく》波羅蜜、（四）精《しょう》進《じん》波羅蜜、（五）禅定《ぜんじょう》波羅蜜、（六）智慧《ちえ》波羅蜜の六つである。波羅蜜多はパーラミター（pāramitā）の音写で到彼岸《とうひがん》、悟りの境地に到達することを意味している。迷いの世界である此岸から悟りの世界である彼岸に到るための行（六度）である。

布施（dāna）は、物を施す、施与すること、財施《ざいせ》、法施《ほうせ》、無畏施《むいせ》の三種として知られる。布施は、自己を犠牲にしてでも他者のために生きるという精神であり、他者への奉仕を意味する。今日の社会には欠けているものであろう。現代人は何か大切な忘れものをしている。

今日の社会に欠けている大切な心、それは奉仕精神であり、人々へのまごころ、奉仕であると言われている。奉仕は自己中心のエゴイズムが働いていてはできないのではないか。ボランティア（volunteer）は、他者を助けたいという愛他主義を動機とする行為であり、経済的報酬はともなわない。自己本位・自己中心でなく、他者への奉仕を強調したものである。

布施する人、される人、布施するもの（品物）の三つが常に清浄でなければ、真の布施行とならない（三輪清浄《さんりんしょうじょう》）。

布施は、慈善的行為、善行としてインドでは仏教以前から宗教家や困窮者に衣食を施与することが、在家者にとって大きな善であり、功徳があることとされ、釈尊は一般の人々に当時の一般的な善行（施・戒）をすすめ、死後には天に生まれることができると施論、戒論、生天論を説いた。

（一）財施《ざいせ》……金銭的財物などの経済的な施与。

（二）法施《ほうせ》……精神的な教法の布施で教えを説き示すこと、「ほっせ」とも言う。

（三）無畏施《むいせ》……安心を与えることである。種々の苦難災厄に恐れおののいている人々に無畏を与える。不安におののき、恐れている人に安堵の心を起こさせること。

（四）身施《しんせ》……菩薩として自分の身を投げ出して他の生命を救うこと。財施、法施は財物教法を自分で所有していなければ施すことができないが、身施は誰にもできることで、犠牲的行為は容易ならざるとしても、困っている人に力を貸す、人に親切にする、尽くす、他の人々に奉仕をするというような身施は世の中を明るくし、人々と融和をはかる上でどれ程役に立つか測り知れない。身施は身体一つで誰にでもできるであろう。

布施という対社会的な善行が、六波羅蜜の最初におかれていることに大乗の特色があり、純粋な慈悲憐愍の情から発しているように思える。

四摂事（四摂法《ししょうほう》）

人々を救うために、人々を摂《おさ》めて守る四つの仕方。人心を摂《おさ》める四種の行為である。仏教思想にあって人間が社会生活を営む上で大切な、在家出家の仏教者が実践すべきものとして、四摂事（四摂法）があると言われている。

（一）布施（布施摂事）……真理を教えたり（法施）物を与えたり（財施）することである。施しを行う実践的行為、贈り物をすること。「気まえよさ」

（二）愛語（愛語摂事）……優しい情のこもった言葉で人に接する。親切な慈愛のこもった言葉をかける。誉めるべき時には誉め、叱るべき時には叱り、突き放すべき時には突き放し、相手のためになることを考えて言語化する、親切に話しかけることである。「好意」

（三）利行《りぎょう》（利行摂事）……他の人のためになる行いをする。相手の利益になる行為をなすこと。自己中心の考えを捨て、常に相手の立場を考え、相互全体の幸福のために行動する。役に立つことをする利他行である。身体の行為、口で言う、意に思うの三業による善行で人々に利益を与えること。「協力」

（四）同事《どうじ》（同事摂事）……人々の中に入って、相手と同じ気持ちで苦楽を共にする。戦後のセツルメント、住宅改良事業、人間らしい暮らしを願い、貧民窟に住み、人々と共に苦楽を共にした仏教社会事業者、実践者が存在したことを思い出すが、衆生悩む故にわれ悩む、自他の区別を立てず、自他を同視し実践するであろう。相手の身になって行動することである。協同すること。「奉仕」である。

ベナレスの西方、シュラーヴァスティーの南方にアラヴィーという町があり、富豪ハスタカ、在家信者は四摂事を実践し、四無量を実習し、そのため、釈尊から称賛された。四摂事は、人とつきあい、人に愛される法であり、(一)贈り物をする。(二)親切に話しかける。(三)役に立つことをする。(四)相手の身になって行動すること。商人が職業上、人と接触するのに必要な処世術に起源があるという[1]。

布施とは、施主が宗教家や困窮者に対して衣食住などを供給することであるが、法施（教えを授けること）が最高の布施である。愛語とは、優しい言葉をかけ、訪れ来た人に歓迎の挨拶を述べることであるが、法を説いて指導するのが最高の愛語である。利行は、病気や災厄に苦しむ人を救うことであるが、正しい生活に導きいれるのが最高の利行である。同事とは、自分の悪徳に悩んでいる人々を救い出すことであるが、仏道の修行において進歩するように激励するのが最高である（説一切有部の『集異門足論』第九巻、手長者の例）。

その他、小乗、大乗を問わず、多くの経や論にただ〝四摂事〟として、または四の名目を掲げて説かれている。仏教すべてを通じて重要な徳目となったのである。四無量《しむりょう》も仏教全体を通じ重要な徳目となった。

慈……他の人の幸福を願う心
悲……他の人を不幸から救い出す心
喜……他の人の幸福をみて満足すること
捨……それに執われないこと

無量の有情（生きものを対象）とするので「無量」と名づけるが、大乗仏教においては、四無量を体験的に深く掘り下げ、三段階に分けて考察するようになった。

第一段階……有情縁無量　対象となる人物の範囲を無限に広げてゆく。
第二段階……法縁無量　相手を忘れ、ただ慈という事柄のみを対象として無限に広げてゆく。
第三段階……無縁無量　あらゆる対象を棄て去って純粋に慈そのものになりきる。

悲、喜、捨については同様三段階の体験をするというのである。

さて、一切衆生の問題が自らの問題として新たな態の課題として発見され、そこに新たな仏道の実習が開始される。それが大乗菩薩道ということであり、大乗の菩薩なるものの真正な在り方である。(2)

注

（1）渡辺照宏『仏教』第二版、岩波新書、一九七四年、一五七頁。

（2）山口益、横超慧日、安藤俊雄、舟橋一哉『仏教学序説』平楽寺書店、一九六一年、一九三頁。

大乗仏教の真髄

大乗仏教の興起により、従来の部派仏教は「小乗」と貶称《へんしょう》されるに至った。このことは大乗が大きな乗り物として、衆生救済の大いなる希求を前提とすることを意味する。大乗仏教の真髄は、〝社会事業・福祉の実践〟よりほかにはない。仏教者の〝社会的実践〟の一つとして〝社会福祉事業〟や福祉実践救済活動があり、〝仏教の社会貢献活動〟があるということができようか。

大乗仏教とは一体何であろうか。

大乗（mahā-yāna）は大きな乗り物を意味し、小乗（hīna-yāna）は、小さな乗り物という意味である。小乗は、自分だけのための行、自利行、大乗は利他行、利他を満たす菩薩の道と解釈、この解釈が小乗と大乗とを区別づける概念規定の基本である。

hīna は語源的には「捨てられた」という意味で「劣った」「卑しい」という意味に理解されてきた。大乗の菩薩の立場からすれば、従来の部派仏教教団は、自らの悟りのみに固執する次元の低いものであろう。

小乗・大乗比較図

小乗仏教	大乗仏教
小乗（hīna-yāna）、小さな乗り物	大乗（mahā-yāna）、大きな乗り物
自利、自分だけのための行（一人の修行者の自己完成）	利他行、社会性、社会奉仕 「衆生悩む故にわれ悩む」（『維摩経』）という思想
阿羅漢（arahant）声聞二乗	菩薩（bodhisattva）

大乗仏教の理解

大乗仏教とは何か

釈尊の転法輪以来、その時代に適した精神的指導原理を樹立しようと唱えられた仏教は、仏滅後、百年にして大衆・上座の二部派に分裂し、それから二、三百年の間にさらに十八部、種々の部派に分かれ「部派仏教」の時代を現出する。原始仏教、部派仏教、大乗仏教と次第するのが仏教思想の第一の流れであり、仏教の発展史であるが、各部派には三蔵聖典、すなわち、経、律、論の一切の仏教文書、教義を蔵する piṭaka（蔵、かご、仏教聖典）をもっていた。大乗仏教ではそれら諸部派の三蔵を小乗の典籍とけなし、別に大乗経、大乗論を編集した。

この部派仏教では戒律は微細厳重となって、形式主義に流れ、経典や戒律の説明解釈のためにアビダルマ（abhidharma）という訓詁《くんこ》煩瑣《はんさ》の学問が発達した。abhidharma（梵語）、abhidhamma（巴）は対法、対律と言われ、法（dharma）に対する（abhi）もの、律（vinaya）に対するもので法と律との説明解釈乃至整理組織を意味した。法とは仏の教法、経典であり、アビダルマとは経典の文句や教説を説明解釈、教理を組織、整理、それが独自の文学形態による聖典、論蔵（abhidharma-piṭaka）として経蔵や律蔵の外に部派時代となって発達成立した。

「実践修道」にあまり関係のない単なる理論、いわゆる「単なる理論のための理論」を、釈尊は「戯論《けろん》」（prapañca（梵語）、spros pa（蔵））として排斥されたのであるが、戯論とは戯弄の談論の意味である。すなわち、無意味なおしゃべり、無益な言論であり、仏道修行に役立たない思想、形而上学的議論、そらごと、たわむれ、冗談、道理を欠いた思慮分別、ためにならぬ議論である。

戯論には愛論、見論の二種あり、不正の言論は愛論とし、諸種の偏見から起こる言論を見論とする。鈍根の者、在家の者、天魔、凡夫は愛論をおこし、事物に愛着する迷妄の心から起こる不正の言論を言い、利根の者、出家、外道、二乗は見論に固執するという。

比丘は訓詁煩瑣な仏教の学問研究のため、時間と労力を消費し、人格完成のための修養努力が充分できず、特に明記すべきは、世の人を指導救済するという仏教の本来の立場を失うに至ったのである。

部派仏教の形式的学問的傾向、実践修道を忘れた、単なる理論のための理論の仏教は、釈尊の真精神に背くばかりでなく仏教の退化堕落をも意味している。

釈尊時代の仏教のような活動性、実践、普遍性を失い、固定的、専門的、ある意味では高踏的なアビダルマ仏教となっていったのである。歴史は堕落と改革とを繰り返す。

現代とて仏教が文献学となり学問研究の仏教となり戯論化し、必ずしも生きた人々、衆生救済の仏教になっておらず、主体的実践の仏教が忘れられがちとの意見が見られる。衆生救済ということにこそ仏教の本領があり、救済実践を重んずる大乗仏教においては、なおさら理論のみで実践なき在り方は許されないと言うのである。仏教の本来の立場、仏教の真精神に背かない仏教の在り方、社会的役割というその問題点の重要性は、現代社会とて同様であるはずである。

部派仏教の中でも、保守的上座部系に対し、進歩的大衆部系にアビダルマ仏教の閉鎖性、利己性を指摘し、仏教を本来の姿に復帰せしめようとする運動が生じ、この仏教復興運動が発展し、大乗仏教となった。

彼らは紀元一世紀頃から上座部アビダルマ仏教、部派仏教の声聞《しょうもん》（教えを聞く修行僧、自己の完成にのみ努める出家僧）の教えを「小乗教」とけなし、自らを融通無碍《ゆうづうむげ》にして、一切世間を救済する大乗菩薩の教えとしたのであった。その結果、多くの共鳴者を得、大乗仏教はインド各地へ拡がった。

大乗仏教（Mahāyāna Buddhism）は、インドで一世紀前後に起こった仏教であり、自分の解脱を優先する小乗に対し、「自未得度先度他《じみとくどせんどた》」（自分が覚っていなくても、まず他を救う）、利他行、すなわち菩薩行を優先する。その精神を自ら大乗（大きな乗り物、教え）と称する。

大乗仏教は、西インドから中央アジア、中国を経て、朝鮮、日本という北伝コースをたどり、大乗経典はサンスクリット（梵語）で記されており、中国に伝わり、漢訳された。

わが国では、中世、一三一四（正和三）年、法空著『上宮太子拾遺記』第五の頌文に「大乗相応功徳の地」という言葉があり、近世になって良空（一六六九～一七三三）が『高田開山親鸞聖人正統伝』正・続十巻の編著のなかで「日域大乗相応地」の用語で、日本は大乗相応（大乗にふさわしい）国であると述べ、自覚を持った。

自分だけ悟って良しとするのが仏教精神であるとすれば、社会的救済実践、衆生救済の主体的実践の史実はなかったであろう。

大乗仏教のその「精神」によって仏教の社会的救済実践史が形成されたのではなかろうか。今日の社会福祉史、大乗仏教の社会救済活動と評価される救済実践史である。

大乗仏教としての衆生救済史、その意義はどこにあるのであろうか。

私有財産を基礎とする社会制度、経済組織の資本主義社会は、資本を元手として貨幣を増やすことを目的とする傾向にある社会である。互いに助け合わず人はどうであろうとも良い。果たして自分の存在だけ良ければよい、そのような営利追求社会なのであろうか。

他者が救済を要望しているのに利益本位の、利益追求資本主義社会、人々を救済せず、〝助けません、救いません〟と弱者・困窮者を見捨てる。

そういう孤立無援の社会でよいとするならば、人間社会の問題は実に簡単である。弱肉強食の社会であり、社会救済実践のテーマの存在は重要ではないと思われる。

人間存在を、縁起、因縁生、縁生と理解し、すべての現象は無数の原因（因、hetu）や条件（縁、pratītya）が相互に関係しあっているものであり、独立自存のものではなく、諸条件や原因がなくなれば、結果（果、phala）もおのずからなくなる。

すなわち、現象的存在が相互に依存しあって生じている「持ちつ持たれつの関係」であるとの縁生の人生観を持つことが社会的生活にとっては大切であり、「人間存在は弱肉強食の社会ではなく、共生であり、共に生き、お互いに助け合い、力を合わせて生きてゆくというのが人間社会の根本」であって、資本主義の名のもとに人々を救済せずとも良いという思想は成り立たないことは、マックスウェーバーの、世俗内禁欲（innerweltlche askese）の言説を敢えてかりなくても資本主義の精神、形成の歴史は、単に利益追求、救済不要の社会形成のプロセスではなかったことは自明であり、利己主義者の存在論は、低次元の存在論なのであろう。

人は皆、幸せでありたいと願う。

「家族、社会は縁生である」というのは、家庭にあって自分一人幸福でありたいと願っても、家族の痛みは一緒であり、子供、親、兄弟の幸福感は一体であるはずである。誰が入院しても家庭は明るさを失う。家庭も社会も一緒である。切り離して自分一人幸福でいられるであろうか。自分一人良ければと自分一人の利益をはかる利己は、利他という概念と対比せられる。他の利益を図ること、利他は、単に自分の利益を追求する自己本位なエゴではなく、自分の利益、自利でなく、「衆生を救う」思想と実践であろう。衆生救済であろう。

人間の歴史を衆生救済史の視点で捉えるという視点、今日で言う福祉という視点には、その意味で大乗仏教精神があるはずである。

大乗は小乗に比せられ、小乗（hīna-yāna）は、大乗に比べてその修するところの教理行果、修する人が劣る。それを蔑称して小乗といい、劣った乗り物、声聞乗、大乗の方からつけた小乗なる蔑称は自分一人煩悩を去り、さとりの世界へ入ろうとする思想で、小乗根性、羅漢（arhat）の集団の思想であり、小乗仏教の極意に達した者、人々、小乗のさとりを得た聖者たちである。小乗の究極のさとりは阿羅漢果《あらかんか》であり、自分一人救われて良しとする思想と実践であろう。

大乗の修行者、菩薩（bodhisattva）は、自ら仏道を求め人々を救済し共に悟りの完成を成就する人であり、道心をおこして修行する求道者として、智慧を求め、向上的には自利の行として、さとり、菩提、道を求め、向下的には、利他の行、衆生を利益する者で、在家出家者共通である。

わが身を捨てて一切衆生の抜苦与楽せんというのが菩薩の行であり、現実の人間的社会的活動であろう。

この大乗仏教の思想と実践という質の高い史実に、仏教衆生救済史が存在し仏教社会事業史福祉史があるとするのである。

大乗仏教救済史は、諸神諸仏が救わぬと見捨てた存在者をも一人残らず大乗救済道に乗せる諸人、万民救済の道であり、衆生済度の社会活動、衆生救済に立ち上がった姿は、孤立無援の社会や弱肉強食の理念ではないのである。

アビダルマ仏教と初期大乗仏教思想の特徴的差異

特徴	①証果	②修行法	③救済対象
Ⅰ　部派仏教	「声聞乗」……阿羅漢のさとりを目的とする声聞思想。仏の教えを聞いてそれに従い修行する。	「業報思想」……業報輪廻の苦を逃れようとする静寂な、自らの救いである涅槃（無余涅槃）を目指す。	「小乗」……自己一人の完成のために修行努力する自利主義、四諦八正道、自己一己を救済する小さな乗り物。
Ⅱ　初期大乗仏教	「菩薩乗」……成仏を目的とする菩薩思想。六波羅蜜の善行を続け、利他に対する強い願いをもつ。	「願行思想」……万人の救済のためとの誓いを立て自ら悪趣（地獄、餓鬼、畜生、苦悩に充ちた世界）に赴く。	「大乗」……一切衆生を救済、社会全体を浄化向上せしめる利他主義、多くの人々を済度する大きな乗り物。
Ⅲ　大乗仏教の思想	菩薩としての自覚をもち、成仏の誓願（他者の救済と自らの完成を願う）を立て願行とする。	菩薩の波羅蜜は弘誓の願行・四弘誓願。その行動は衆生済度という菩薩の誓願から発したもの。自主自律的である。	大乗が起こった所以はアビダルマの徒が学問研究にのみ没頭して社会教化の活動を怠っていたから。新たな修行方法、六波羅蜜を採用。

④教えへの態度	⑤思想的特色	⑥大衆性
「有」……聖典の言句に滞り事物に拘泥執着する有の態度。依文解義の態度、訓詁学。	「理論的」……理論的学問的傾向が多くその理論には実践と関係なき傾向にある。	「専門化」……出家仏教、脱社会的、専門的、閉鎖的、独善的な低い立場、予備的知識のない一般人には理解し得ない程の高度で専門的な学説。アビダルマは難解で、日本では「倶舎八年」といわれた。
「空」……その行動はすべて般若波羅蜜の空無所得空無碍の態度。依義難文の立場。般若の智慧が基礎にありこの智慧は空の実践をなすもの。初期大乗は般若と空。	「実践的」……理論学問より実践信仰を重視、理論は必ず実践の基礎としてのもの、空理ではない。	「一般化」……在家仏教、在家的、大衆的、その境地は第一義的な高い立場。
一面的見方にとらわれぬ立体的融通のきく空無碍の立場に立つものでなければならぬ。理論より実践。修道解脱、実践の基礎としての理論のみが採用さるべき。	実践的な空とは般若の智慧によって一切の現象事物の空無自性なる縁起実相を知り、この実相に即し随順して空無所得にして無空相の活動実践をなす。	いかなる階級教養の人にも直ちに理解され実践され得るような平易な教えを説いた。難しい理論を交えず唯だ三宝を信じ布施を行じさせる六波羅蜜の行を実践する者はすべて菩薩とする。仏教の一般化、大衆化。

わが国における大乗仏教の社会救済活動

民間布教者の活動

古代や中世の南都六宗や平安二宗の僧侶たちは、官僧であり、信者たちの布施、寄付によらず国家的な祈禱に携わるかわり、国家から給付を受け生活していた。

古代においては、天皇が得度許可権を握っていて、四つの国立戒壇が建設され、一人前の僧侶になろうとする官僧は四つの国立戒壇のいずれかで授戒を受ける必要があった。

平安朝の官僧たちは、北嶺《ほくれい》系（延暦寺、天台教学）と南都《なんと》系（東大寺、興福寺、法相《ほうそう》、真言教学）の二つが有力であった。

国立戒壇で授戒を受け、僧位、僧官をもらい、国家的法会に参加するという形態である限りにおいて国家の管理下にあった。

法然《ほうねん》（一一三三～一二一二）、親鸞《しんらん》（一一七三～一二六二）、日蓮《にちれん》（一二二二～一二八二）、栄西《えいさい》（一一四一～一二一五）、道元《どうげん》（一二〇〇～一二五三）、明恵《みょうえ》（一一七三～一二三二）、叡尊《えいぞん》（一二〇一～一二九〇）という鎌倉新仏教の祖師、重要人物も官僧としてスタートしている。

ところが、悩める人々、平安京や奈良の一般大衆層の救済願望に応えられず、官僧の在り方に納得のいかないものを感じていた僧侶たちがいた。

「遁世僧」であり、利他行の実践、利他行、真の仏教実践を求め衆生済度に立ち上がり、非人救済、癩《らい》患者救済、女人救済活動、貧民救済、あるいは、生活に不可欠な道路整備、港湾、他の建設に情熱を傾けた聖《ひじり》僧たちが存在したのである。

遁世という語は、教団から出る離山、真実に法を求めての離山であり、古代国家の解体、民衆的世界の向上、民間布教者が次第に活動の自由を得、民衆と結びつき、鎌倉仏教成立の宗教社会史的前提をみるのである。

鎌倉仏教は日本仏教の歴史、奈良仏教、平安仏教、鎌倉仏教、近世、近代仏教、現代仏教の時代区分にあって、歴史的一期間（一一九二〜一三三三）の仏教であり、原始仏教以来、仏教発展史、仏教発達史における歴史的展開上、当然、流れ、系譜があろう。

この鎌倉仏教の救済思想および実践論を、拙論は、(一)法然、親鸞の浄土教は、報恩の系譜の仏教福祉として、(二)道元、栄西は縁起観内省型、慈悲系譜の実践福祉として、(三)叡尊、忍性《にんしょう》は戒律の系譜、(四)日蓮は個性的存在、菩薩道の実践者としての探求に当たり、原始仏教よりの思想系譜を含めた歴史的、思想的考察より、社会的救済活動の根本的なエートス、その思想と実践を明らかにする。

戒律の系譜、律の仏教——行基《ぎょうき》、叡尊、忍性について

鎌倉時代に戒律を復興した叡尊（興正菩薩《こうしょうぼさつ》）と忍性（良観《りょうかん》）は全国にきわめて大規模な慈善救済活動を進め特筆に値する。

僧侶にも慈善救済を行う者と、そうでない者があり、慈善事業を行うかどうかは、人生観、宗教的信念とも関係があろう。

慈善事業を行っていることに、南都仏教の独自性を見出すが、行基の行動が南都仏教の一つの伝統といえよう。

なぜ熱心に慈善事業、衆生救済を行っているのか、その行為への「実践的起動力」とは何であったか。なぜ先駆者たちは、それ程熱心に、衆生救済活動に専心専念したのであろうか。

行基《ぎょうき》（六六八〜七四九）は、民間福祉の祖師であろう。諸国を巡歴して、井戸を掘り、道をひらき、橋を架け、布施屋という無料宿泊所を設けるなど、充分な施策もない奈良時代に施設福祉、民間福祉を行い、ケースごとの必要性に応える対人慈善サービスを行っている。

道昭《どうしょう》（六二九〜七〇〇）は、六五三年、法相宗を伝えた。行基に影響を与えた同じ帰化人の子孫であり、道昭の慈善救済実践は、天下を周遊し、直接多様な個々の民衆の困苦に

接したことに特色をもち、福祉の先駆者といえるであろう。

鎌倉新仏教の興隆のルネサンスを迎え、南都の戒律の復興がはかられ、中の川実範《じっぱん》（〜一一四四）は、興福寺に法相宗を学び、律の衰微をなげいて、唐招提寺に入り、講律説戒し、律を復興し、同寺第十六世に晋山。実範の精神は、解脱上人貞慶《じょうけい》（一一五五〜一二一三）、覚盛《かくじょう》（一一九四〜一二四九）、西大寺叡尊《えいそん》（一二〇一〜一二九〇）に継承され、この系統は、真言律と呼ばれる。真言宗泉涌寺《せんにゅうじ》にあり、律を弘めた俊芿《しゅんじょう》（一一六六〜一二二七）の律を北京律と称すに対し、叡尊の律を南京律という。

弟子には、忍性《にんしょう》（一二一七〜一三〇三）、鎌倉極楽寺開山がいる。これらの律の系譜の人々は、律を弘めると共に、慈善的社会事業に献身、殺生を禁じ、放生池《ほうじょういけ》を作り、病人を救い、非人を救済するなどの活動をしている。覚盛は大悲菩薩、叡尊は興正菩薩、忍性は忍性菩薩、または医王如来として、世人の尊信を集めているが、一体その動機・情熱思想と実践の根本は何であったか。

三国仏教史、仏教の歴史的流れには、社会的救済実践とその思想に系譜があり、根本精神は〝大乗仏教の社会的救済実践〟に違いないが、八類型の思想系譜がみられる。そのように衆生救済実践にはきちっとした思想系譜があり、仏教の思想がある。㈠慈悲型、㈡戒律型、㈢福田思想型、㈣四無量心《しむりょうしん》、四摂心《ししょうしん》の系譜、㈤報恩思想型、㈥勧進聖《かんじんひじり》型、(七)遊行《ゆぎょう》型、(八)真如観の系譜と歴史的思想系譜があり、社会的実践者がいる。実践者の実践論には拠り所とした仏教思想が背景にあり、その思想を明確にする必要があろう。

(一)慈悲型救済実践の系譜……道元、日蓮
(二)戒律型救済実践の系譜……行基、叡尊、忍性
(三)福田思想型系譜……聖徳太子、アショーカ王
(四)四無量心・四摂心の系譜……空海
(五)報恩思想の系譜……法然、親鸞、蓮如
(六)勧進聖型救済実践の系譜……重源《じゅうげん》
(七)遊行型救済実践の系譜……一遍《いっぺん》
(八)真如観の系譜……井上円了、富士川游《ふじかわゆう》

報恩思想系譜としての法然の衆生救済活動

浄土教の系譜、法然（一一三三～一二一二）が日本仏教史、民衆救済史に在って如何なる系譜に位置するかは『選択本願念仏集』撰述の理由からも察知できるであろう。『選択集』は、法然の念仏の信仰、念仏の実践の内容を最もよく整え、著されている主著であり、その教義実践を理解するに当って最も中心的かつ重要視さるべき内容をもつ聖教《しょうぎょう》である。一在俗者にして、摂政《せっしょう》、関白の職に就いた九条兼実《くじょうかねざね》の請いに応えて書かれたもので、叡山を下り、市井《しせい》の中に入り、大衆と共に念仏し、真実に救われていくことを意図した法然の念願を結集したお聖教である。

その『選択集』撰述の理由に三つあり、一般的理由としては自己の信仰の歓びを示し、救い、仏恩に感謝せんため専修《せんじゅ》念仏の歓び、救いの感謝のあまり『選択集』を撰述したという、念仏実践上の内面的、一般的理由によるであろう。

第二には選択本願念仏を弘通《ぐづう》せんがため、第三には浄土一宗を別立興行《べつりゅうこうぎょう》せんがための一願建立であり、すべて内面的、最も本質的な理由となろう。

末法的現実にある人間存在の凡夫的な現実に深く入り込み、最も宗教的救済的な仏教、『浄土三部経』による一宗こそが、最も今日的往生成仏道、大衆的人間救済の道として別立、興行されてゆくべきという他力救済義の確立にあったといえよう。

華厳、天台などの一解《いちげ》仏教の立場より菩提心などを軽んじ廃する、専修称名義と反論があり、建暦二（一二一二）年、法然、正月二十五日入滅、同年十一月二十三日には明恵上人高弁《こうべん》の『摧邪輪《ざいじゃりん》』三巻が起草され、翌建暦三（建保元）年六月二十二日『摧邪輪荘厳記』一巻を著し、『選択集』の菩提心排除論を中心に『大経』『観経』および『論釈』の原意にまで立ち入って痛烈にその所説を破し批判された。

法然は、聖道諸宗の教学、実践行観への理解の深さ、広さを持つが、当世の人は菩提心、持戒、理観、持経持呪などの行を重視し浄土往生の行とするが、善導大師《ぜんどうだいし》の意によれば、それらの聖道門《しょうどうもん》的諸行をもってする浄土往生は皆、機を失するもので、往生行たり得ず、本願念仏一行のみしか往生できないことは明らかと結論づけている。(1)弥陀《みだ》大願業力《だいがんごうりき》救済の浄土教を提唱する法然の浄土宗は、大乗仏教的路線を逸脱しておらぬことは、正依《しょうい》とされる三経一論の内容が大乗菩薩道理念に満たされていることからも理解できよう。

大乗仏教の真実道実践の道、念仏道として、しかも唯一の実践道として聖道門を捨て、浄土一宗を立てる。

念仏の一行による大乗仏教の衆生救済道、大乗菩薩道、報恩の系譜という位置づけが思想の系譜としてあげられよう。

法然の念仏思想は、報恩の思想の系譜としてその衆生救済活動を探求すべきであり、主著『選択集』は、当時の時代の全民衆の苦悩を自らの苦悩として深く受けとめ、日夜奔騰《ほんとう》する人間的苦悩をその宗教的智性、大乗仏教的な堂奥《どうおう》に徹して、しかもそれを乗り越える宗教的叡智をもって解決し、永遠に諸人を安住せしめる生き方、実践を明らかにする宗教書、宗教的救済の書として、門弟の宗教的実践的な叡智の協力を得て著されたものであり[2]、この点に法然思想の救済実践の原点があること、「念仏衆生救済論」、報恩思想が見られるであろう。

親鸞は、その法然上人を師と仰ぐその門弟の一人である。

注

(1) 石田充之『選択集研究序説』百華苑、一九七六年、一六四頁。

(2) 同　一六四頁。

浄土教の援助技術論

心の福祉理論の形成を念願し考察するとき、わが国の先行業績、仏教社会事業の行実について次のような論述展開が見られる。

仏教の如き、日本の慈善救済史の上に非常に貢献をして多くの高僧、大徳を輩出していることは、史書、資料が詳しくこれを伝えているところであり、又これらの事に従った仏教者達が何《いず》れもひいでた多くの行実と共に、慈悲に基づく社会福祉思想の豊かな人であった事を見逃す訳にはいかない。つまりその精神的体験の豊かさを持って対社会的、対人間的に活動を展開したのである。社会福祉の事……その学問・思想は、行実を離れては何らの意義を持たないという、いとも厳粛なる事実を証明するためにまず持って仏教者の慈心悲願のもととなった、仏教における社会福祉思想の一端をうかがい……明らかにするとしよう(1)

宗教福祉を人間関係論、日本の文化、仏教福祉の領域で捉える時どうなるのか。

宗教福祉の位置づけは、仏教の日本的受容より鎌倉旧仏教、新仏教、明治・大正・昭和を経て、平成の今日に至るまでの史実があろうが、「慈悲は大乗の根本(2)」であり、「慈悲救済のための技術の必要な事……この技術の行使はこれを実行するその人の心術《しんじゅつ》に重点をおいたところにその狙いがあり」、〝その人の心術に重点をおいた救済技術、援助技術論〟を、物的福祉論の充実に加えての心の福祉理論の充実というテーゼで論じようと筆者は拙論を考える。

物的に貧困な困窮の時代には、物資が優先し物質的充実の福祉が社会状況より優先となり、時代のニーズが、衣食住の重要性、つまり物の充足を先とし、精神論は後となる。人はパンによってのみ生くるにあらずであるが、まずパンが必要なものとして求められる。物資優先の福祉対応である。そうせざるを得ない、生存が保てないのである。

ところが、戦後、スウェーデンは福祉を国の柱とし、一方わが国は、経済発展を国の向かう社会発展方向とし、その国策は努力を重ねて、経済大国となり、実に貧困な物のない時代を克服し、豊かな夢のような物的不自由のない社会になった。

そのような現代社会は、物質的には豊かになったが、〝物質的繁栄と精神的な貧困〟が同居している時代、心の豊かさの欠乏した時代であり、アンバランスな社会であるといわれ、それによってさまざまな社会問題、歪みによる社会的病状が発生し、子供の非行、嫁姑の不和、世代の断絶、精神、心の病など、通常の生活に深刻な影響が出始めている。現代社会病理論の存在である。このような物的繁栄、精神的貧困の同居する歴史的段階、現代社会にあっては心の問題が重要であり、物の福祉から心の福祉へ、その充実要求状況は秤の如し、次の如くであろう。

Ⅰ　物的貧困の時代、物質優先の必要性

Ⅱ　現代社会、物的繁栄、精神的貧困同居の時代、メンタルな対応を

Ⅲ　人間社会の理想、物と心の調和ある社会

となる。

政策制度により生活安定のための経済的援助が与えられても、対象者が愚痴不平不満の生活状態にある場合も多い。物的充実は良いとしても、なぜか現代人には心の問題が存在する。ありがとうという喜びのある感謝の生活がない限り、生活の充足感、喜びはなく、不満の生活となろう。人間はお互いに支え合い生活してゆくのであるが、限界状況に立たされた時、孤独や淋しさ非貨幣的対人サービスの対象の問題となろう。実存し、生活する人間、そのヒューマンサービスに物的のみならぬ心あるケアー、仏教福祉実践が行われる必要があろう。物的福祉から心の福祉への転換、その充実、現代社会福祉はメンタルな対応も求められている。

仏教福祉の存在理由、存立の意義はその点にあるといえるように思える。

注

（1）守屋茂『仏教社会事業の研究』法藏館、一九七一年、七～八頁。

（2）同、八頁。

（3）同、十頁。

第二章　日本仏教民衆救済史

臨床の視座

さて、ブッダの根本仏教、臨床の視座の仏教は、インドからスリランカ、ビルマ、タイなどに伝わり南伝仏教となり、西インドよりチベット・中国・朝鮮・日本などに伝わって北伝仏教となった。

中国へ仏教が伝わったのは前漢の末、哀帝の元寿元年（前二世紀）頃と考えられている。

その史実にあって、浄土願生の信仰は北魏の曇鸞《どんらん》（六世紀半ばの人）の説を祖述した道《どう》綽《しゃく》（五六二〜六四五）の説がその弟子の善導《ぜんどう》（六一三〜六八一）によって大成せられ、それが日本に伝わって法然（一一三三〜一二一二）、親鸞（一一七三〜一二六二）、一遍（一二三九〜一二八九）の念仏道として歴史的展開となった。

六世紀の前半、仏教が日本に伝えられた時、日本人はこれを「蕃神」「外国の神」として受容し、寺を「他国の神の宮」と称した。

仏教は、インド、西域、中国、朝鮮へと伝播し、わが国には外来の宗教として受容され、部族宗教から国家仏教として発展し、鎮護国家の仏教として展開する。

日本仏教史において仏教が日本的展開を見せるのは大乗仏教精神が民衆を教化し、民衆生活の力強い味方として利他行が歓迎されて、生活と一体の宗教、つまり生活を救う智慧、救済道として仏教の教義体系が浸透し「偉大な教え」「優れた教え」として、忘我利他（われを忘れ他を利すること）が支持評価されたからに他ならない。

自利（自分の利益）よりも広く衆生（生きとし生けるもの）を救済するために利他行（人々に利益を施し救うこと）を実践し、自利利他《じりりた》、自覚覚他《じかくかくた》の菩薩行《ぼさつぎょう》を実践し衆生済度《しゅじょうさいど》（人々を救って悟りを得させること）に光輝き、多くの人々に大いなる励みや安らぎを与え、多くの人々を救う巨大な乗り物として大乗仏教の精神、教えが信解《しんげ》されたことによると考えられる。

とすれば、そこにおいては「日本仏教民衆救済史」という臨床の視座による仏教史が歴史的展開をし、日本仏教が発展しているように思える。民衆に何の役にもたたず、自分の利益のみを求める自利の仏教であったとしたら、仏教の種に花が咲き実がなるという開花結実の仏教史は望めなかったのではなかろうか。

中国（東晋）を経て朝鮮半島に入った大乗仏教は、日本には六世紀半ば百済を経て伝わり、奉仏派や聖徳太子（五七四〜六二二）の奨励によって広まった。

太子は「十七条の憲法」を制定し、すべての国民が和を尊び、仲良く暮らし、篤く三宝（仏・法・僧）を敬う仏教精神による天皇中心の中央集権国家の確立を目指し、法隆寺や四天王寺四箇院を建立し、仏教の日本的受容の理想を抱き、仏教興隆を願って『法華経義《ほっけきょうぎ》疏《しょ》』『勝鬘経義疏《しょうまんきょうぎしょ》』『維摩経義疏《ゆいまきょうぎしょ》』の三経義疏《さんきょうぎしょ》、経典の注釈書も著した。

『維摩経』には「大衆が病気になっているのを見ますと、私としてはそうした人々の病気を私自身の病気として感じないわけにはいかないのです。私は常に大衆と共に悩むのです。ですから、もし多くの人々の病気がなくなれば私の彼岸も達せられたことになり、私の病気も治癒することになります」と、大衆と共に生きる菩薩の精神が示されている。

聖徳太子建立の四天王寺の四院は、仏道修行を行う道場、本堂（一）敬田院《きょうでんいん》、（二）療病院（病院。薬草を栽培し、薬をつくり応病与薬）、（三）施薬院《せやくいん》（貧窮、孤独な人を止宿させる）、（四）悲田院《ひでんいん》、であるが、特に悲田院は、現代社会の福祉施設の原型として、旱魃による農作物の不作で飢餓に喘いでいた当時の貧窮者や孤児などの慈善救済の施設、救済実践として民衆から喜ばれた。

日本社会福祉史の開始者「慈善救済」として位置づけ得る聖徳太子のその心は、自分の救済のみならず、一般大衆の救済願望に応える大乗仏教の菩薩道精神による真の仏教者の実践として模範となったのである。もし聖徳太子が民衆の苦難を見て見ぬふりをし、まり蹴りに遊興し日々を暮らしておられたら、その怠惰が見本伝統として継承されて日本の歴史の行方は大きく変貌したに違いないであろう。

大衆と共にあり、諸国を旅し、民衆の困窮を救済すべく弟子たちと井戸を掘り、宇治橋を架け、堤防を築き土木事業などを実践し、元興寺（禅院）を建て仏教を弘めた日本法相宗（唯識）の祖、道昭（六二九～七〇〇）とその弟子、行基菩薩（六六八～七四九）にこのよき伝統は継承され、熱心な慈善救済活動の展開が徐々に民衆の広い支持を集め、受け入れられ、わが国に仏教が弘まり日本仏教救済史の史実を見せるのである。

光明皇后の救済活動

大宝律令（日本古代の律令法、基本法）が完成され、七一〇年奈良に立派な都、平城京が作られたが、それは唐の長安の都にならって作られ、皇居や役所、寺院、貴族の住宅など、立派な建物が立ち並ぶ中央集権的国家であった。

律令政治の全盛時代の七十余年間は、仏教による政治が行われ、聖徳太子の心を受け継ぎ、仏教を厚く保護したのである。

仏教は国家の安泰、国を守る護国仏教として、天皇をはじめ多くの人々に深く信仰され、皇室の繁栄をもたらし、国民の幸福を築くものとして、仏教信仰も最盛期を迎える。

聖武天皇（七〇一～五六）は、仏教の信仰が深く、全国の総国分寺として東大寺を建立し、巨大な金銅の大仏（ビルシャナ仏）を鋳造し、仏教興隆に努め、それは律令国家の繁栄と天皇の権勢を物語るものであった。

聖武天皇は、皇親立后の慣習を破り、藤原不比等（奈良前半期の公卿）の娘、光明子を皇后に迎えた。

聖武期の仏教興隆は、その光明皇后（七〇一～六〇）の内助の功によるところが大きかったと言われている。光明皇后は、七三〇年皇后宮職《ぐうしき》に「悲田院」「施薬院」などをつくって、孤児や病人をはじめ貧しい人々を救った。

　毎年諸国から薬草を買い取り上納させ、貧しい病人に薬を施す施薬院の設置、平城京に貧窮者、孤児の救済施設、悲田院が設置され、仏教による慈善救済が行われた。

　貴賤尊卑の関係で実施されたため、政者側から施された救済活動、恩賜、施与と言ってよく、光明皇后の「仁慈」（仁はあわれみの心、慈はいつくしみ）、思いやりの心、情けに基づいて、天下の飢病の徒を療養、救済しようとした慈善救済、今日で言うチャリティー精神による慈善事業であったと言えよう。

　諸国を回って人々に仏教信仰を広めると共に橋を架け、貯水池を作った行基と共に仏教を広めた功労者として注目されてよいであろう。

悲田院について

悲田とは、慈悲の田という意味で、困窮者など諸人《もろびと》を救済することが最勝の功徳という悲田思想は、日本仏教救済史の根本思想をなす。

悲田養病坊と言う唐代の寺院内に設置された半官半民の療養所、唐（六一八〜九〇七）の制度を模倣したもので、悲田院、療病院、施薬院の三院、今日の無料宿泊診療所、老人福祉施設、養護施設孤児院的な施設であろう。困窮者、孤独者、疾病患者を無料で診察・収容して援助する施設として、唐代、則天武后の長安年間（七〇一〜四）に長安・洛陽に開かれた。

病人を収容して療病させる施設であるが、貧困のため、病に侵されても治療する機会なくして死んでいく人、頼る人がない老人、貧しく流浪の旅に行きくれた人、親を失った孤児、孤独者、悲田養病坊はこのような人の集まる貧困者救済目的の施設で、国家が設立し、その経営の多くは寺院に依頼されていたのである。(1)

注

（1）道端良秀『中国仏教と社会福祉事業』法藏館、一九六七年、一七八頁。

道昭

七世紀、帰化人の子孫で今日で言う福祉精神に生きた仏教者の一人に道昭（六二九～七〇〇）、民間社会事業の先駆者がいる。

六五三年に学問僧として入唐し、長安の弘福寺に住んでいた玄奘三蔵《げんじょうさんぞう》（六〇〇～六四）に学び、多くの経典を携え六六一年に在唐八年、遣唐使と共に帰国、元興寺に住み、禅院を建て、多くの弟子たちに唯識学を講じた。

唐に留学し、最初に本格的な仏教を日本に伝えた人であり、日本法相宗の祖と仰がれた。

道昭は、十数年に渡り各地を旅し、路傍には井戸を掘り、渡し場には渡し船を置き、交通の要所でありながらも急流で、諸人が旅行の度困難を感じていた宇治橋をはじめ、多くの橋を架けたことはよく知られている。

天下を周遊し、直接多様な個々の民衆の困苦に接し、ケースごとの慈善救済を行ったのである。律令国家の統制下、国費で建立された大寺院（官寺）に生活の場を置く僧侶が、国家の身分保障のもと、学問研究や鎮護国家の祈禱に明け暮れていた国家仏教の時代にあって、慈善救済にせよ民間の社会事業の先駆者的役割を果たした道昭の歴史的位置は大きいと言えよう。

道昭の下に社会を救い、生き仏と崇拝された僧侶に行基（六六八～七四九）がいる。行基が出家したのは六八二年、十五歳の時である。道昭のような有力な僧侶が身近にいたのも、その理由の一つと言われている。

行基出家後、道昭は五十四歳で情熱をもって弟子を育成し、伝道、救済実践をし、盛んに全国に出かけた。行基も随従し、仏教修行の修練と共に建築土木など、救済活動に必要な技術を習得した。

飛鳥時代の僧侶は、読経のみでなく、隆観は算暦、義法は占術、道慈らは建築の技術を身につけていた。道昭は造船、架橋、窄井の技術を持ち、道昭を師として随順した行基は学ぶ機会があり、灌漑土木、工事技術、池溝技術を身につけ、大勢の協力者もあり利他の実践ができたのである。

七〇〇年三月十日、道昭は七十二歳で飛鳥寺禅院に遷化。遺体は荼毘《だび》に付されたが、これが日本の火葬の最初であると言われている。時に行基は三十三歳であった。

七〇一年、大宝律令が制定され、農民は律令制による租税収奪、労役に苦しみ、その軽減と農業生産の発展を望んでいた。

このような中、抑圧と貧窮からの解放を望む民衆のため池溝開発などに活動した行基は、民衆から「救済者」、生き仏として迎えられたのである。

都が、奈良の飛鳥地方にあった飛鳥時代（五九二〜七一〇）、平城京にあった奈良時代（七一〇〜八四）は、律令制、国家は仏教の興隆をはかる一方で、寺院や僧侶に管理統制を行う社会であった。

行基菩薩の救済活動

行基《ぎょうき》菩薩は『僧尼令』（七一七年）の「寺院に居住せず別に道場を建てて民衆を集めて強化し、みだりに罪福を説いた場合は還俗に処する」という条文によって禁圧を受けたが、貧窮と苦悩から救済を望んでやまない人民《にんみん》の生活向上を目指し、菩薩的行為にて精力的に行動し、菩薩としての民間僧・行基の信念は少しも揺らがなかった。

行基は天下をあまねく巡り、路の傍らに井戸を掘り各地の津や渡し塚に船を備えつけ橋を架けた道昭の下で弟子として学んだ。「諸国を巡遊教化し、橋を架け、道路をつくり池を築造し、船息《ふねすえ》（港）の設営、堀の開削、布施屋《ふせや》の設置を行った」と『行基年譜』「天平十三年記」には記載されている。

渡し船が少なく河に橋がないため、地方から港へ貢献物（正税、米・絹・布・鉄・塩・あわびなど）を運ぶ人たちは河のほとりに集まり、幾日も渡ることができず待つ。諸国からの運脚が帰国の時、病にかかり故郷に帰ることができず、ある者は食料がなく寒さの中で餓死する。このような律令国家が人民の困苦など意にかけなかった過酷な労働・疲労に喘ぐ人たちのために木津川の急流に橋を架け、道路沿いに往来する人々を無料にて宿泊接待する施設、布施屋をつくり、往来する人を救済すべく、崑陽の布施屋に身寄りのない人（十六歳以下の父のない者、六十歳以上の子のない人）を収容した。その財源基盤として、周囲に一五〇町歩の水田の開発と経営を自らの下に集まる人々と共に行った。

行基は三世一身の法（田地開墾に際し灌漑施設を新設した場合は本人、子、孫の三世所有権を認める田地開墾奨励法）の発布と共に、積極的に灌漑施設の造営と説教を結びつける特色ある民間伝道を行った。

池溝開発によって台地を水田に造成し、狭山地、久米田池、鶴田池造成をして抑圧と貧窮からの開放を望む民衆から救済者として迎えられ、仏教伝道が慈善的な社会事業と結びついて行われた。行基が生涯に建てた道場、僧院、寺、尼寺は畿内（大和・摂津・河内・和泉・山城）四十九院におよんでいる。

行基菩薩は、人々の幸福の種、「福田思想」を信念として尊崇信奉し、人々の幸福を生むのだと信じて実践した。

(一)行基の業績は、いわゆる四十九院と言われる道場としての寺を建てたことが挙げられる。家原寺（三十七歳）、大修恵院（三十八歳）、蜂田寺（三十九歳）、生馬山房（四十歳）、神鳳寺（四十一歳）をはじめ、『年譜』には、天平三十八（七三二）年山城で四院、摂津、河内で各二院、大和で一院を建てたとある。七三三年（六十三歳）枚方院、薦田尼院、七三四年（六十七歳）隆池院、深井尼院、吉田院、沙田院、呉坂院、七三七年（七十歳）鶴田池院、頭施院、尼院を建立したとある。

（二）社会的救済実践としての業績は、架橋（摂津四、山城二）、直道（一）、池（摂津六、河内一）、和泉八（土室池、長土池、薦江池、檜尾池、茨城池、鶴田池、久米多池、物部田池）、溝（摂津三、河内一、和泉二）、樋（河内三）、船息（泊舟の港、摂津一、和泉一）、堀（摂津三、河内一）、布施屋（摂津三、河内二、和泉二、山城二）、『年譜』背山池のように修造（新造でない）ものもあった。

民間慈善型社会事業始祖、行基菩薩は、唯識を学び、山林に入って座禅を修めたが、諸国に行脚すると、行く先々で多くの協力者を得、しばし、行基到来と聞くと人々が皆集まり彼を礼拝した。交通の要所には、橋を造り堤を築くが、老少となく皆協力したのでその工事はにわかに完成できた。

滞在すれば果樹を植え、四十九ヶ所に寺院、道場を建て、通行人の疲れと飢えをいやす果樹植栽は、仏教の教え、「八福田」の一つでもあった。

民衆の支持は留まるところを知らず、不安を感じた時の政府は、養老元（七一七）年行基を名指しで批判、七二二年には行基とその弟子たちの宗教活動を禁止、平城京から本貫（本籍地）へ、今で言う強制送還になった程であった。七四三年には朝廷に迎えられ東大寺大仏造営の中心人物として重んぜられるようになる。

行基は生涯、畿内に多くの布施屋を建立した。七〇八年、平城京の造営がはじまり一層苛醜化した労働負担のため、調庸運脚夫《ちょうよううんきゃくふ》で餓死する者や、役民、衛士で造都現場から逃亡する者が多くいた。役民の餓死、運脚夫の食料欠乏があった社会状況と共に、農民の負担は、租庸調《そようちょう》の米、絹、糸を根幹とし、鉄、塩、鯖などと規定の日までに、都へ運ぶ令制の定めがあり、陸運を主とし、人力、馬、車、舟を用い行程十日、食料も充分に与えられず、宿泊は国司以上の調使でさえ駅家を利用することは認められず、運脚夫は人民の困苦など意にかけなかった律令国家政府の権力の下、人間としての尊厳が存在する社会ではなかった。運脚夫は、向京より帰国の時、餓死する者が多くいたのである。

行旅の窮民、運脚夫と役民（労働力）の困苦を救うため、行基は、布施屋、宿泊所、宿泊施設を作った。病気や食料欠乏で帰郷できなくなった運脚夫で飢人となった者が多く利用したが、多くの民間教化僧である沙弥《しゃみ》の宿泊する宗教的宿泊施設でもあった。

行基の布施屋設置は、食料支給、豪族の寄進を得て行われた。池溝開発は、農民のためだけでなく、豪族の利益を増すものであったに違いない。豪族が農民のため、私稲を投げ出したり負担を肩代わりした事例が『続記』にあり、このような慈恵は、農民に対する恩威を増すのでしばしば行われたようである。

(一)大江、布施屋（山陰道の要衝）

(二)泉寺布施屋（泉川の急流が藤原宮造営用の材木を運ぶのに利用された平城京造営遷都で運脚夫、役民の往来が頻繁であった）

(三)崑屋布施屋（西国街道の要地で孤独の民に賑給するため設けられた、田不輪租田、独田を設け、宗教社会事業を行った）

(四)垂水布施屋（西国街道、大阪に入る道の分岐道）

(五)渡布施屋（海岸の渡場）

(六)楠葉布施屋（淀川の左岸）

(七)石原布施屋（竹内街道、西高野海道を結ぶ道路）

(八)大島布施屋（駅家と隣り合わせ、豪族大島氏の居地）

(九)野中布施屋（土器製作土方氏の居地）

布施屋は、駅家の近くに多くが設置されていた。孤独老廃者への収容のみならず接待茶屋、無料宿泊所用に使用された。泉大橋については洪水のため、橋が破壊し、交通壮絶した際は、旅人の一時保護収容所にも供したものと考えられている。

行基は、天平五年布施屋を置き、摂津山本に昆陽施院を起行した。身内のない人を収容する悲田院的施設であった。施設昆陽施院の経営に惸独田《けいどくでん》の収穫があてられた。田の面積は一五〇町歩あったと言われている。惸独田とは、孤独と同意味であり、孤独の民に賑給するためである。孤は十六歳以下にして父のない者。独は六十歳以上で子供のない者を指し、身寄りのない人を収容する昆陽院に収穫があてられたのである。

行基は八十二歳で大往生。火葬を弟子に遺言。景静が遺骨を拾い、墓は竹林寺（奈良県生駒市）にある。行基の生涯にわたる仏教者としての生活万般は、具体的な民衆のニーズに応える形での慈善救済事業の展開であった。平安の後期に至って人々は、行基菩薩を文殊菩薩の再来と語り伝えた程であった。

法均尼《ほうきんに》（和氣広虫《わけのひろむし》）

法均尼（七三〇〜九九）が奈良時代、戦乱後の混乱の中で生じた棄児や孤児を収容保護したのは、仏教的慈悲の個人的実践、個人の宗教的行為であるが、戦乱で親を失った孤児を養育したことは、よく知られている[1]。

奈良末、平安初期の女官で夫、葛木戸主の没後、孝謙に仕え信仰が厚く、孝謙に従って出家し、法均と号した。

宇佐八幡の神託を弟と共に偽って復奏したとして還俗、備後に流され、道鏡（奈良末期の法相宗の僧）が皇位につこうとした時、和気清麻呂《わけのきよまろ》が宇佐八幡宮の神託を聞いて、その野望をくじく。

称徳天皇に偽託詐謀を行ったとして、姉法均と共に罰せられ流罪となったが、光仁天皇の時、許され都へ帰り朝廷に重く用いられた。

桓武天皇の時、平安京に移ることを建議しその運営を始め、土木事業に尽くした。姉の広虫も多くの孤児救済に当たり、慈善事業に尽くした。

古代日本の救済施策は、中国歴代王朝の食料政策、災害救助法に学び、日本の実情に合った司じ制度を導入したのである。

漢代（〜二二〇）は「常平倉」の制度にて、政府が常に備えの米を災害時に放出し、難民を救済する施策であった。隋代（五八九〜六一八）にも義倉制度があった。唐（六一八〜九〇七）の都、長安は一〇〇万人以上の国際都市であった。

わが国においては律令を完成して、中央集権の政治、律令政治を行い、均田法、土地はすべて国有、これを人民に一定の広さずつ与え、耕作させた。

十八歳以上の男子に一定の面積の土地が与えられ、本人が死ねば国に返さねばならない口分田、本人が死んでも、その子孫が受け継ぐことのできる永業田があった。女子には原則として土地が与えられず、老人や商工業民も狭い面積に減らされた。

口分田からは、租（米、麦の収穫物）、庸（一定日数の労役）、調（布などの産物を納める税）をとりたて、国の財源としていた。庸は、労役に服する代わりに布などで代納することもできた。この均田法、租庸調の税は、大化の改新による班田収授の法として大陸をまねて取り入れられたのである。

唐の救済制度としては「義倉」「常平倉」の制度が存在した。

宋代（九六〇〜）の文治主義の政治にも、義倉、常平倉、青苗法などの制度があった。

常平倉は、七五九（天平宝字三）年、諸国から中央への貢納物資を徒歩で運ぶ人夫の脚夫が、京中で飢民となっていることに対処するため、国の大小に応じて正税をさいて設置した公廨稲《くがいとう》、常平倉を設置し、飢民、帰国する脚夫の飢苦を救い、穀価を調節、安定を図るため設置した倉庫であった。管理は、左右平準署に委ねられたが、七七一年、両署が廃止され、やがて絶えた。

義倉は、飢饉などの際に国司の裁量により賑給に用いられた。高齢者、困窮者、病人、被災者に稲穀、布、綿、塩などを支給したのであるが、疫病、災害、飢饉、天皇即位、豊作、皇族の死に際して施した。備蓄量は僅かであったため、飢民の救済には充分な貢献ができず、律令制の制定と共に廃止された。

六一四年、大化年間の政治改革、大化の改新は、七〇一年の大宝律令、改新政治の根本となる法律の完成を見、天皇を中心とする中央集権国家として法律に基づいて政治を行うことでもあった。

その多くは唐の律令を手本としてまねているが、日本の実情に合わせる努力もあった。

(一)班田収授の法は、唐の均田法を習い公地公民の原則に基づいて、六年ごとに戸籍を作りかえ、人口を調べ、六歳以上の男子には田二反(約二十三アール)、女子にはその三分の二を与え、本人が死ねば田を国に返した。口分田は売買することを禁じられていた。

(二)税制には、租、庸、調、臨時の労役(雑搖《ぞうよう》)も人民の義務としてあった。租は口分田からの収穫量の約三%を納める。庸は六十五歳までの成人男子が労役の代わりに布を納める。調は、十七～六十五歳の男子が地方の特産物を納め、庸、調は都まで運ばねばならず、それも大きな負担であった。十七～六十五歳の男子は国司の命令で、一年に一定期間労役（雑徭）に使われた。

国から種、籾を貸し付けてもらい、収穫時高い利子を稲で払う出挙《すいこ》という負担もあった。

(三)唐の府兵制に習い徴兵制があり、男子三人に一定の割合で一定の年数、兵士になり、国司の指揮下の軍団、都にて朝廷を警備する衛士、九州大宰府の指揮下、防備にあたる防《さき》人《もり》になった。

身分制度があった。一般の農民、公民を良民、その下に賤民の身分をつくり、奴婢（奴は男、婢は女）は良民の三分の一の口分田を与えられ、奴隷と同じように働かされ、財産として売買され奴婢以外の人との結婚もできなかった。

律令国家の全盛時代、奈良時代（七一〇～八四）は、飢饉、災害への対応策は賑給、飢民賑給、飢民救済を中心に方策がとられた。

慈善救済に基づく慈恵的な行政措置、救済施策で律令国家の基本的な対応策であった。

賑恤とも言われ、律令制の下、儒教思想に基づいて正税を割いて「高齢者」や「困窮者」「病人」「被災者」に稲穀、布、綿、塩などを支給した。支給の契機は、天皇即位、皇族の死去など、国家の慶事、大時、疫病、災害、飢饉などの場合があった。奈良時代の飢民救済制度であった。

平安時代以降は次第に形骸化し、毎年五年吉日、京中の困窮者に米塩を施す儀式になってしまったのである。[2]

注

（1）池田敬正『日本における社会福祉のあゆみ』法律文化社、一九九四年、三一頁。

（2）『日本史総合辞典』東京書店、一九九一年、一五九頁。

空也《こうや》――日本浄土教初期の救済実践者

踊念仏《おどりねんぶつ》の祖、市の聖、阿弥陀聖、市上人《いちのしょうにん》と言われている空也（九〇三～七二）は、民衆の間に初めて念仏を弘めた僧侶であり、同時代人の慶滋保胤《よししげのやすたね》の『日本往生極楽記』には、

沙門《しゃもん》空也は父母も故郷も語らない流浪者である。ある説によると醍醐天皇の皇子とも常康親王（仁明天皇の皇子）の子であるともいわれ、皇室の出だとの噂もある。いつも念仏を唱えているので人々から阿弥陀聖とも呼ばれ、又、市井《いちい》に暮らす僧なので市の聖とも呼ばれている。諸国を回遊して険しい道を削り、橋のない川に橋を架け各地に井戸を掘って、阿弥陀の井と名づけている。(1)

とある。

僧侶が、国家公務員的身分を与えられていた奈良時代に私度《しど》の沙弥、民間の仏教者が多く出て、その代表が道昭、行基であったが、その道昭、行基と同じように社会救済実践を行い、若くして五畿七道(2)の名山霊跡を巡歴し、諸国の険しい道を削り、橋のない川に橋を架け、水のない所には井戸を掘り、そして荒野に棄てられた死骸にあえば一ヶ所に集めて火葬し、阿弥陀仏の名号を残し留めて供養した。日本浄土教初期の救済実践者、大乗菩薩道の主体的実践者としての歴史的位置づけに考えられる人である。

寺院に常住して一定の信徒をもち、それらの人々を対象にして活動するのでもなく、また隠遁的性格の強い平安後期の聖、上人とも違い、巷の中を歩き下層民や盗賊と交わり諸国を遊行して民衆を教化し、貧窮、病患の人に施す布施行を行った市井の念仏聖であった。

空也はふつうクウヤと呼ばれているが、コウヤが正しい。『往生極楽記』には弘也とするしてあり、『元亨釈書』巻十四にも「沙弥たるとき自ら空也（こうや）と称す」と訓注してある。

空也は、平安時代中期すなわち十世紀初頭から後半にわたる七十年の生涯を主として民間仏教の布教に捧げ、後の日本浄土教の興隆に先駆した人である。(3)

『空也誄《るい》』(4)が記す空也の活動は次の通りである。

上人は父母を顕わさず、郷土を説かず。有識者あるいは云う、その先は皇派に出ずると。（中略）少壮の日、優婆塞《うばそく》をもって五畿七道を歴、名山霊窟に遊ぶ。（中略）曠野古原、委骸あるごとに、これを一処に推み油を灌ぎ焼き、阿弥陀仏名を唱う。（中略）自ら陸奥出羽は蛮夷の地、仏教罕致・法音希有と以い、背に仏像を負い経論を担ぎ、便に法螺を吹き微妙の法を説く。（中略）天慶元年以来、還って長安にあり。（中略）俗に市の聖と号す。また尋常の時、南無阿弥陀仏と称え間髪を容れず、天下またよんで阿弥陀聖とす。(5)

注

（1）佐橋文寿『日本人と仏教』実業之日本社、一九七八年、一二三頁。

（2）五畿七道　畿内とは、大和（奈良県）・山城（京都府南部）・河内（大阪府南東部）・和泉（大阪府南部）・摂津（大阪府北部・兵庫県南東部）の五国を含んでいたから五畿と呼ぶ。七道とは、西海道（九州）・南海道（四国と近畿南部）・山陽道（中国南部）・山陰道（中国北部）・北陸道（中部北部）・東海道（中部南部）・東山道（中央高地と東北）の七つを言う。

（3）『堀一郎著作集』第三巻、未来社、一九七八年、二七七頁。

（4）『空也誄』は『三宝絵詞』の作者、源為憲《ためのり》の作。源為憲が撰した空也伝の一つ。四字一句、三十四句からなる誄（死者の霊を弔う詞）で一周忌法要の際に作られたものかと思われる。遺弟子の話や関係の願文などを集大成したもので、流布本には欠落が多いが、数少ない空也伝の最も信ずべき資料である。鎌倉時代の写本で現存する唯一の古写本としても貴重な資料である（重文愛知宝生院）。

（5）『空也誄』東大出版会『大日本史料』一編十四所収。

源信——日本型救済実践ホスピス

現代人、私たちの死亡原因の第一位は癌であるが、その原因はストレスフルな現代社会の食事が欧米化されたこと、喫煙が癌を誘発するとWHO（世界保健機関）も禁煙を呼びかけ癌予防、健康の大切さを啓蒙している。

身体・精神の病同様、癌も早期発見、早期治療が基本であるが、痛みがないため気づいた時には「末期癌」と医師より生きられる時間を宣言されることが多い。

治療効果がこれ以上期待できず肉体的苦痛、精神的苦痛、疼痛や苦痛に悩む癌患者に対し、なるべく食事、睡眠が通常のリズムでできるよう痛みをやわらげ、精神的な安定を与え安らかな死を迎えられるよう最新医学は緩和ケアー（P・C・U）、在宅によるホスピスケアーなどその人らしい命をまっとうし、残された時間の人生の質（QOL）を高める援助を提案している。

最後まで安らかで充実した人生航路であることを願い、患者とその家族に対し身体的、心理的、社会的、宗教的なケアーを提供するプログラムであるホスピスは、一九六七年英国のソンダース女史によって作られたセント・クリストファー・ホスピスに始まり、病院のように延命を優先した治療を行わず苦痛を緩和し家族の積極的な参加と理解、看護婦、ソーシャルワーカー、宗教家、栄養士、ボランティアなどむしろ医師以外の職種が中心となって末期患者とその家族の人生、生活の質の向上を目指すケアーを目的とすることであると一般的に知られている。

日本では、京都のある朝廷が政権を握っていた平安時代（七九四～一一八五）、天台宗の僧侶で日本浄土教の基礎を築いた恵心僧都源信《えしんそうずげんしん》（九四二～一〇一七）の「二十五三昧会《ざんまいえ》」、看死、みとりの実践が、仏教におけるホスピスケアー、ターミナルケアーとして既に行われていたと注目されている。

源信は、慶滋保胤《よししげのやすたね》らと「二十五三昧会」という結社組織を作った。

「二十五」とは『十往生経』に説く来迎仏二十五の菩薩のことで「三昧会」は、横川首楞厳院において毎月十五日未《ひつじ》の刻（午后二時）に参集、申《さる》の刻（午后四時）から『法華経』の講読を始め酉《とり》の刻（午后六時）の終わりから翌朝にかけて夜を徹して不断念仏を誦し、彼らは往生を期して固い団結で支えられ重病に陥れば互いに看病し合い、臨終時には別室に移し最後まで助け合い、共同墓地に葬り追善をつとめたのである。

それは現世、後世を通じ極楽往生の願に結ばれた同信同行の組織、結社であった。

「二十五三昧会」に賛同した最初の結集衆は花山法皇始め、源信、厳久《ごんく》、妙空、明晋、念照、良陳、良範、聖金など十九人であった。

同信同行の社員たちは『起請《きしょう》八箇条』を遵守、誓約書をつくり互いに父子、兄弟の思いをなし、病人がでたら特設の「往生院」に身柄を移し、社員の手で看病し、万が一社員が死亡した時は「華台廟」という専用墓地に埋葬する。扶助の義務を履行しない者があれば社員協議して結社から除名、往生のための施設を備え、この世のみならず来世も一仏浄土を期し、強烈な絆で結ばれていた。

日本仏教における看死の実践（治病、療病、看取り、葬送）は平安末期より盛んになり鎌倉時代にかけて盛行する「臨終行儀《りんじゅうぎょうぎ》」は「往生伝《おうじょうでん》」を生んだ。

源信の日本型救済実践ホスピスケアーは、今日も、おおいに注目されている。

叡尊の信仰と救癩活動

最近のハンセン病の話題と共に鎌倉時代中期に救癩《きゅうらい》活動に取り組んだ奈良西大寺の僧、叡尊（一二〇一～九〇）とその弟子鎌倉極楽寺の忍性（一二一七～一三〇三）の偉業が注目されている。

叡尊は聖徳太子、行基菩薩を景仰追慕し、四天王寺の慈善活動にも関心を持ち、文殊菩薩の信仰に生きた僧侶である。文殊師利は、釈尊入滅後のインドで生まれ、般若空の仏教思想を鼓吹した実在の人物である。中国五台山は、文殊が説法している清涼山として、文殊信仰の中心となり、『法華経』序盤にも文殊師利菩薩が登場しているが、癩病になるのは前世・現世で犯した罪による仏罰である「癩病仏罰観」が当時の社会では一般的で、人々は癩病患者を嫌い村八分、人非人として扱った。

叡尊は、愛すべきうるわしい光り輝く、けがれない仏の智慧を表す菩薩、文殊菩薩を信仰し、同信者の喜捨により慈善活動を展開し、権勢に近づかなかった。一二七五年京都清水坂の非人宿に赴いて塔供養を行い、その際、穢れた存在として差別され、人間扱いされていなかった癩病者、乞食《こつじき》、墓掘りなどに従事する非人三五〇人に菩薩戒《ぼさつかい》（自分の悟りのみならず他者の救済を目指す者が守るべき戒）を授戒をし、殺生の禁断を誓わせた。叡尊らは、授戒は成仏のためのすぐれた因縁であり、それにより癩者の罪が消えると考えたのである。非人たちの非人宿に出かけ、食料やお金や入浴などを恵み与え、一二六九年三月には奈良、般若寺の非人施行、二千人にもおよぶ非人救済活動を行った。

奈良西大寺に施薬院《せやくいん》をつくり大阪市天王寺にも癩病・悲田院・北山十八間戸（奈良市川上町坂の上）に長屋方式の治療施設をつくり長期的な救済活動を行い、一二六九年三月の非人施行に際しては、道路整備、池、架橋の建設に非人たちを動員している。

文殊信仰に基づいて身を衆生になげだし癩病患者を救済し、信仰化し、慈善活動、宗教的救済実践を行った叡尊の活動は著書『関東往還記』『金剛仏子叡尊感身学正記』に述べられている。

叡尊の非人救済、その滅罪と衆生救済活動は、やっとのことでハンセン病（癩）患者の人権の回復が行われた現代社会の今日に先んじて鎌倉期に行われた人間の尊厳・共生を示す救癩活動として、今叡尊の偉大さが改めて注目されている。

忍性の社会的救済活動

叡尊の弟子で「釈尊へ帰れ」という強烈な釈尊信仰をもち、僧侶が平然と酒宴、肉食妻帯《にくじきさいたい》を行う破戒の中世、鎌倉期に『梵網経《ぼんもうきょう》』に説く戒律の護持を実践し、救癩活動を行い、「生身の菩薩」として人々より尊敬を集めた僧侶に鎌倉極楽寺の忍性がいる。

忍性は、叡尊同様、聖徳太子信仰、行基、文殊菩薩信仰に基づき慈善救済活動を行った。十六歳で母を亡くし官僧となり、十七歳の時、東大寺戒壇院《かいだいいん》で受戒、二十三歳九月八日、西大寺において師、叡尊にめぐりあう。そして、十重戒、具足戒を受け、官僧（公務員）身分から私度僧《しどそう》となり叡尊の弟子として仲間入りをする。

忍性は、亡き母の菩提を弔うため、文殊菩薩の画像を描いて大和の七つの非人宿ごとに安置し、毎月二十五日一昼夜、文殊菩薩を不断に唱えさせ、その際施物を与え非人施行を行った。

一二四九年、困窮する人々に施しを行う常施院の敷地を忍性の父親が寄付し、西大寺には恒常的な慈善救済活動の施設が叡尊教団として建設され、都市部の貴族・武士・商人・職人などの多数の信者の寄付などによる財政基盤によって活動が行われた。

一二六九年、奈良般若寺文殊菩薩像完成の際、二万人の非人に米など必要な道具類を施した。北山十八間戸の長屋式救癩治療施設なども忍性の創設と伝えられている。

一二三六年、三十六歳七月叡尊の許しを得て関東に律の布教伝道に向かい、三村（茨城県）に滞在、北条時頼の病気平癒祈願を縁として帰依をうけ、時頼・実時・重時・兼時の外護もあって、鎌倉極楽寺を救済活動拠点とし、大仏付近の桑谷《くわがや》に療病所を開き、二十年間に四六八〇〇人を治療し、港湾の整備、道路整備などの土木事業、架橋一八九ヶ所、道路整備七十一ヶ所、掘削した井戸三十三ヶ所と社会救済活動を行った。服装は絹糸を用いず粗衣をまとい、節倹・美食をとらず文殊菩薩をあつく信仰し慈善救済に努めた。

一二六四年には鎌倉の非人三千余人に、一二七四年の飢饉の時には、難民を大仏谷に集め五十余日粥《かゆ》を施した。

群集（時の人々）の利益のために十種の誓願をたて、孤独、貧窮、乞食人、病人、盲人などや牛馬の路頭に捨てられたものにも憐れみをかけ、険難には道を造り、水路には橋を渡し、水なきところに井戸を掘り、山野には薬草、樹木などを植えるなどの誓願は、忍性の救済思想を語っている。

以上の日本仏教救済史、民衆臨床救済道は、大乗仏教の思想に基づく社会的救済活動を根拠としている。一般的に語られているような、鎌倉旧仏教にのみ社会的救済活動が見られ、新仏教には救済精神が欠如しているかの如き視点には疑問がある。筆者が臨床の視座より新しい親鸞論、拙論を論述しわれらの救いを探求展開する本著の論点は、鎌倉新仏教にも大乗仏教の社会的救済活動の思想実践が見られ、その救済思想に系譜があるという命題におよんでいるのである。つまり臨床の視座がそれなのである。

第三章　親鸞聖人のおもいやりの心、救済道

救われざる者の救済

初発心の心

仏教の日本的受容は、当時の民衆に支持され弘まる日本仏教史において聖徳太子の救済の心、光明皇后の救済活動、そして道昭、行基菩薩、法均尼、空也、源信、鎌倉時代に入っても叡尊、忍性の社会救済活動、衆生済度、と展開される。これらの利他実践の活動により仏教が如何に民衆の生活を支え役立つかも民衆に理解され、社会に浸透していく。鎌倉時代に至り、叡尊、忍性の救済活動が注目されるが、それは旧仏教側の仏教復興運動であろう。

鎌倉時代に入り、法然上人、親鸞聖人の専修念仏教団が新仏教として台頭する。ここに至って衆生済度は如何に展開されるのであろうか。親鸞聖人の救済活動にテーマは移る。

臨床の視座からの探究である。親鸞聖人らしい民衆救済道と言えるだろう。それは貴族豪族の仏教ならぬ、世の底辺の人々にあたたかい眼を注いだ民衆の仏教、利他的救済、大乗仏教の救済活動に外ならないであろう。

「夫れつらつら人間のあだなる体（はかない有り様）を案ずるに、……盛んなるものはついに衰うるならいなり」（文明六年八月十八日『蓮如御文』四十一）。生あるものは必ず死に帰し、人は生まれた時からの約束事で「死すべき存在」である。私たち人間、その存在が自分の有限性を忘れていず、自分の存在が、いつか無に帰す存在であるという真相を見定める、目覚めるということは、与えられた命、人生を生きる上でも、頗る重要である。

生きとし生けるもので永遠にいつまでも存在し得るものはなく、人間の生死をどのように克服するか、生死度脱《しょうじどだつ》の道は、重要な宗教的課題である。諸行無常をはっきりと見定めることが、仏教の出発点にもなっており、ブッダの哲学的思惟の重要な要素、課題でもあった。

私たちは、親から五尺の形体をもらい、この世に誕生し、心身共に成長をとげていく。しかし生老病死、日常生活に生き、やがて老いを迎え、病にかかり、死を迎える。老若男女、老少不定《ろうしょうふじょう》といい、皆人生の終着駅に到着する。

若死にをする人も、長寿をし天寿をまっとうする人もいるが、必ず死を迎える。死を迎える現実に例外はない。皆平等である。その生死の人生を如何に度脱し、永遠なる無量寿に生きられるか、その克服の智慧は仏教の叡智、般若の智慧といわれている。

生死度脱の道はいかにして可能か、人間存在論にとって重要な宗教哲学の課題であろう。そして「人生は生きるに値するか」この哲学的課題も存在論にとって必要不可欠、必須の問題であろう。

生きるということの意味がどこにあるか。人生は無意味ではないか、生きることがつまらなく、無意味に感じられ、現代という時代が何か人間にそういう風に考えさせるのであろうか。

ニヒリズム（nihilism）は、人間生存の無意味さ、おのれの生を生き、耐えるにたる究極的な支え（価値意識）なしには人はとうてい生き得ないと主張する。

ニーチェ（一八四四～一九〇〇）は、「ニヒリズムとは何を意味するか。至高の価値が無意味になること。目標が欠けている。何のために？　に対する答えが欠けている」と、ニヒリズムを定義している。

私たちの存在している根本のところに拠りどころが欠けている。毎日生活していっても結局何も意味がない。一体何のために生きているのだろう。人生は無意味ではないか。そういうニヒリズムの克服という問題が存在する。

生死度脱の道である。

人間の存在（有）を、ブッダは五蘊《ごうん》といい、色《しき》・受《じゅ》・想《そう》・行《ぎょう》・識《しき》の五つの集まりよりなると語っている。その五蘊は皆空《かいくう》であるという。

空（śūnya）は、空っぽを意味する。

例えば、お猿さんが、辣韮《らっきょう》をもらう。いいものをもらったと皮をむく。どんどんむいていくと何も残らない。何もないと怒る。この何もないというのが空、人間の存在（有）は空である。無自性空《むじしょうくう》であると言う。

「存在を無」と悟る、存在を空と観る人生観、空観《くうがん》は、悟りの智慧、般若の智慧による観法であり、人間の存在を空と悟ることによって、つまり五蘊皆空と自覚することによって、その有限性が本人に知らされる。

有限性を自覚することにより、人は、人生の尊さを知り、むしろ積極的な生き方を試みる人生設計へと生き方の転向をするであろう。

単に死の訪れを待つことなく、限られた時間の中であっても積極的に生きようと主体性に目覚める。自主的な人生、その生き方を尊ぶ。意義ある人生航路を目指す。ここに五蘊皆空という空観に目覚めた人間の生き方の創造性が発揮される。

人間に目覚めた本当の人間としての力量を発揮するのは、空観に基づいていると言っても過言ではなかろう。

人間の一生を空無の人生、ニヒル（無）の人生に終えるか否かは、仏教の叡智、般若の智慧が身につき人生に反映されているか、根源は、この点にあるだろう。

私たちの人生が、一生空観に目覚めず、平穏無事に人生に何の意義も疑問も感じず終焉を迎えることができたとしたら、それも幸せなのかも知れない。

真摯に生きようとすれば、人は、生命の絶頂ともいえる若き日に、死の淵を覗《のぞ》き見るといわれ、死の存在を知った時から哲学が始まり、人間としての苦悩、懊悩が始まるといわれている。

一層のこと知らなければ知らないですんでしまった方がよかったのかも知れないが、それを知ってしまって、そこに人間らしい苦悩が始まる。

いかにして生死の度脱は可能か。深遠な哲学的課題との対決が大問題として面前に展開する。先達は、どのように解決を試みたか、仏教書、宗教哲学書をひもとくことになろう。

人には、それぞれアイデンティティーの形成という課題があろう。何か一つ自分の好きなこと、願わくばそのことによって心の糧のみならず、生涯貫徹できるような生きる糧になるようなイデー、善が見出し得たならば、人生は意義深いものになり、日々が生き生きと感じられるに違いない。

一芸に秀でるといおうか、好きなことを一つ発見し、目標をもってそれに挑戦、努力する生き方ができたら、こんな幸せなことはないであろう。

モラトリアムの期間といい、遅い人は三十歳くらいまでの期間を要するらしい。早い人は高校三年生くらいで弁護士になりたい、医師になりたいと希望が明らかになる人もいる。急がなくとも、アイデンティティーの形成がしっかり行われ、夢・希望が明らかになると、そこに念願成就の人生が展開し、創造的な人生、大器晩成に向かっての不退転の決意が、意義深い人生を形成することになろう。

生きる意味の発見も、このような構想の中に構築されるであろう。すなわち、ニヒリズムの超克という問題は、積極的な生き方を通して自ずと解決をみることになろう。人生が生きるに値するか否かの問いは、生きるに値する人生を創造できるか、本人の心構えに左右されるであろう。個人の責任である。人ごとではないのである。

夢や希望のない人生もあるかも知れない。とすれば、その不幸の責任は誰にあるのであろうか。人に代わることのできない自らの人生、人のせいにして欺いてみても、自分の人生である。生きるに値する人生であったかどうかは、臨終現前に自ら尋ねることかも知れない。皆共々生きて良かったと喜べる一生でありたいものである。

若き日の親鸞聖人の悩み

速《すみ》やかに生死《しょうじ》を離れん

親鸞聖人の青年期の人生のテーマは何であったか。

仏教語「願生浄土《がんしょうじょうど》」の「願」は求めることを定め、それを得ようと願い求めること、自己が自己の願いの実現に向かって努力する道程と、その願いが実現された後の実績とを一貫して常に人は、自己の願いに生き続ける者であるから、全生活は願力に支えられるものとなる。願生安楽国土《あんらくこくど》、願往生《がんおうじょう》とも言い、浄土に生まれようと願う。

浄土は、五濁、悪道のない仏・菩薩の住する国である。極楽とも言い、極は極上の略、最良、最も、この上なくを意味する。楽は心身が安らかで楽しいことである。たやすい、易しいことであろう。

人間が現実に住んでいるこの世界は娑婆《しゃば》であって、忍土《にんど》・忍界《にんかい》と訳す。人間界、現世である。忍は文字通りしのぶこと、こらえる、我慢することである。残忍な、無慈悲な行いを平気でする慈悲心の少ない人間社会が娑婆である。末法の時代社会、末世にあっては、残虐な殺人事件や、怨念による犯罪も多い。

この世が堕落する時に五つの悪い現象がおこる。

(一)劫《こう》　濁《じょく》……飢饉、悪疫、戦争などの災害。
(二)見《けん》　濁《じょく》……偏見と言う濁り、見解、思想の乱れ。
(三)煩悩濁《ぼんのうじょく》……正しい教えが衰え、不正が栄えること。
(四)衆生濁《しゅじょうじょく》……衆生の悪逆が盛んで悪業の果報を恐れぬ。
(五)命《みょう》　濁《じょく》……寿命が短い。

末世の現象である。五濁悪世とも言われ、五濁が現れる悪い世、末の世である。五濁増《ごじょくぞう》、時代を経るにしたがってその度を高め、道義(人の行うべき正しい道、道徳)の廃《すた》れた時代となる。末法の世、仏法の衰えた世、澆季《ぎょうき》(澆は軽薄、季は末の意)道徳が衰え、人情の浮薄となった時代社会である。その現実に生きる人間を見つめ、悪道のない仏・菩薩の住する極楽に生まれること、願生浄土を親鸞聖人は、希求する。

真理に目覚めた人、自ら真理を悟り、人々を悟らせ、悟りの働きが満ちた究極の覚者、仏陀の如く絶対の理(宇宙の本体)を悟った理にかなった人、尊敬されるべきよき師に恵まれることを願う、つまり「願生浄土」を願い求めた「厭離穢土《おんりえど》、欣求浄土《ごんぐじょうど》」(けがれたこの世を厭い離れて、心から喜んで浄土に往生することを願い求める)、生死の苦海の度脱を願ったのである。

浄土往生を求めるその姿は、発願、願いを起こすこと、誓願を起こすこと、さとりを求め心や浄土を完成し、人々を救おうという心を起こす、発願心というであろう。自己の修する善を差し向けて往生を願う心を廻向《えこう》発願心と言い、浄土に往生したいと願うのである。願いを起こし廻向する発願廻向である。浄土に生まれたいと願い、すべての善根功徳を往生の目的に差し向けるのである。

親鸞聖人は、阿弥陀仏が衆生を救おうとの願いを起こし、救いの因を与えて下さったと解釈する。したがって自らは「不廻向」であること、「他力本願」に気づく。

主著『教行信証』の序には「つつしんで浄土真宗を案ずるに、二種の回向あり。ひとつには往相《おうそう》、ふたつには還相《げんそう》なり」とある。

往相（人々が念仏によって浄土に往生する）、還相（浄土に生まれた人が再び現世にかえって衆生を救う）は、曇鸞《どんらん》の『浄土論註』、世親《せしん》の『浄土論』にもあらわれているが、親鸞聖人は、廻向が自身の力で他人におよぼすものではなく、往相も阿弥陀仏の智願（大慈悲）による廻向であり、還相も智願であると語る。

往生は往って生まれる、生まれ変わること、阿弥陀仏の極楽浄土に往生、生まれること、即得往生《そくとくおうじょう》（すなわち往生を得たり）、この世で正定聚《しょうじょうじゅ》の位に定まることである。

即は同時と理解し、阿弥陀仏の名号を聞き、一念の信心を起こした者はその信の一念にすぐさま往生すべき身と定まり、現生において正定聚不退の位に住すると考える。この世

である。

親鸞聖人の著『如来二種回向文《にょらいにしゅえこうもん》』正嘉元（一二五七）年成立の一巻には、思想的特色である二種の廻向を明らかにしている。二種の廻向とは往相、還相の二廻向であり、往相も還相も共に阿弥陀仏の廻向であることを述べている。

浄土願生の希求には熱烈な専修専念の心があった。それは不退転位《ふたいてんい》による念願成就の道であった。親鸞聖人の救済思想は、人は何故悩むのか。親鸞聖人は自らのみならず、人間として生きる苦悩、生老病死の人生航路、生死度脱の道を願ったのである。人間の生きる姿を知って、ありのままの人間は、煩悩具足の凡夫であるという人間観に思いやりを示したのである。

建仁元（一二〇一）年、親鸞聖人は法然の専修念仏の教えを求め、専修念仏の道に帰依する。法然上人六十九歳、親鸞聖人は若き二十九歳の時である。

法然は「南無阿弥陀仏」と称える念仏のみが正しく浄土に往生する行業《ぎょうごう》であるとし、雑行雑修を捨て、自力を交えず、ひたすら念仏することを勧めていた。専ら阿弥陀仏の本願を信じて、その御名を称念することと、「念仏の一行《いちぎょう》」を示したのである。

法然上人（一一三三〜一二一二）は、当時の比叡山にて「速やかに生死を離れん」ことを求めていたが願望が満たされず、各宗の碩学に尋ねても、全生命を揺さぶるような信仰に到達することができなかった。そこで再び黒谷に帰り、報恩蔵にて「われ聖教を見ざる日なし」、真剣に勉強した。

黒谷に入って二十五年、求道生活にあって、一一七五年、四十三歳の当時、唐の善導《ぜんどう》の「一心に専ら弥陀の名号を念じて行住坐臥に時節の久近を問わず、念々に捨てざる者、これを正定の業と名づく。彼の仏の願に順ずるが故に」（『観経疏《かんぎょうしょ》』「散善義《さんぜんぎ》」の文）にめぐり会い、迷いは一瞬に晴れて専修念仏の道、「一心に南無阿弥陀仏と称えればよい」という阿弥陀仏の誓願、念仏の一行、浄土の救いに目覚めたのである。

人間の存在

われわれの身体は五蘊《ごうん》、色・受・想・行・識という集まり、物の心からなると、仏教の存在論は、五蘊皆空《かいくう》を語り、定まった本体はなく無我であるという。

仏教語・五蘊皆空の五蘊とは、色・受・想・行・識の五つをいう。

(一)色……形、ものの姿、形作られたもの、色である。

(二)受……心の感受作用である。感覚、印象などにあたる心の働き、意識のうちに何らかの印象を受け入れる。

(三)想……感覚したものを表象する。心の中に思い浮かべる作用である。

(四)行《ぎょう》……気がついた事柄をよく思惟、観察、考察すること。生滅変化する一切の現象世界、意志による形成力である。

(五)識《しき》……認識・識別の作用である。心の把捉した事柄を区別して理解しこれこれであると決定を与える。認識する心である。意識である。

この五つの集まりである存在、五蘊は「五蘊皆空」であり、あらゆるものは空無でありすべて何も存在しないと説く。したがって無我である。我を有しない。固定的な実体がない。だから我執《がしゅう》(我見《がけん》、自己の意見)を離れることと語る。己を頼み自己にとらわれず、自己の見解にとらわれず、自分の意見に執着せぬことであると。

そこでは無常、つまり永遠性のない人生、この身がはかないこと。人は死を迎え病没する。永遠に変わらない主体がないことを諭している。

そのような存在の在り方、構造の人間の存在は「苦」なる存在として現実の人間の現象的存在状態にあり、四種類の「四苦」、八種類の「八苦《はっく》」に悩み苦しみ生存する。人間は生きものである。心身が悩まされて不安な状態がせまり悩まされる。

苦の存在は生老病死《しょうろうびょうし》、つまり「生まれること」「老いること」「病むこと」「死すること」の四つの苦であり、生存する限り避けられない四つの苦しみとして知られている。

悩みは人間であるがゆえの特徴、人間特有の現象である。その悩み「苦悩」の一つに、対象が不明確な悩みである不安があろう。不安の原因は将来の悪しき状態を類推することによっておこってくる。

死への不安は、すべての人が公平に死の門をくぐり、現世に生きる人々にとってまったく未知なる世界への入り口であり、生との断絶であるからである。

死ぬのが怖いは、正直な人間の悩みであるかもしれない。悩みに直面し悩みを克服しようとする人、逃げる人の双方いて、病気をつくってその中へ逃避しようとする人もいる。しかしながら、死に逆らうことはできぬという真の受け入れをし、明らかにし解決して、死の悩みを克服した偉大な宗教者も多々いる。

死の門をくぐることとは、人間にとって最大の苦悩の一つかもしれない。自分が限りある生命を生き、そして死んでいくことに悩む。限りある生命を意識した時、「生」が如何に貴重であるかに気づき、「生きる意味」を問うことにもなる。

そのように、悩みを誤魔化さずに解決していくことが大切で、悩みの本当の姿、本体を知る必要があろう。自己の悩みの本態を見失うことなく、じっくりと自分の生き方を振り返り、自らに問いかけてみることも必要で、人間は老い、そして死を迎える。老病死というこの事実自然の法則を認める以外に方法はないのである。

病気には、身体の病気と精神の病気があろう。身体に、今最も多い病気の一つである癌ができて不治の病になる人もいる。精神の病気もある。病気であるからには、精神の病気も心身共に治療せぬ限りは病死してしまうであろう。

このような生老病死の人生にあって、時間を大切に使うこと、無駄にせぬこと、大器晩成のためにはその心得が大切になろう。

生きる意味を求めて

最近、生き甲斐を発見できず、人間としての苦悩のただなかに青息吐息、限界状況にいるかのような現代人によくめぐり会う。人として生きているだけの値打ち、生きている幸福が感じられず、生きる意味を喪失し、生きる屍の如く生存している。何故か気力がない。活力、元気がない。気力がない人間たちの群像である。

人間が生きるということは、衣・食・住の充実を必須とするということのみならず、単に経済的に豊かな恵まれた生活ができればよいというだけではないであろう。その生涯には、人間としての生存には、何か大切な、かけがえのない、生きる価値、根拠があるように思えてならないのである。

私たちの周りには、食べて寝るだけの猫たちと同然の人生の人もいる。哲学や宗教を学び、大切なイデーを発見する人生であるならよいのであるが、自ら死を選ぶ人生も見られなくはないであろう。

うつ病になり、あるいは統合失調症になり、心の病に苦悩する人が増加傾向にある現代社会、人間はどうやら身体としての人間という側面のみならず、「精神としての人間」の領域が確実に存在し、身心一如という、精神と身体、つまり心と体、その精神の健全な働きも私たちが考える以上に大きな意味合いを持ち、生存を支えているように思える。すなわち魂や精神、心の問題は、人間の生存を支え、人生の糧となる大きな生存要因になっていることが知らされる。自らの生命を自ら断つ自殺者が、年間三万人以上、心の病によって、人としての健全な生活ができぬ精神障害者が三百万人もいて、いつ何時人生が破滅しかねないような崩壊の危機にある自害をひそかに考える予備軍もいて、生きる意味の発見の大切さは申すまでもない状況にあろう。

家庭内暴力もある。酒乱の夫が妻や子供に暴力を振るう。子供には「生きる権利」が保障されねばならないであろう。

二十一世紀の人間社会には数多の問題が存在し、それが社会問題化しつつある危機的状況にあろう。

生の根源、生き甲斐、生きる意味の喪失が人生崩壊の要因となり、人生航路の舵取りの明暗を左右しはせぬか。鍵概念は、「生きる意味を求めて」、そのイデー、叡智にあるように思えてならぬのである。

学生の頃感激して読んだフランスの作家、哲学者アルベール・カミュ(一九一三〜六〇)の『シーシュポスの神話』に、

真に重大な哲学上の問題は一つしかない。自殺ということだ。人生が生きるに値する

か否かを判断する、これが哲学の根本問題に答えることなのである。それ以外のこと……そんなものは遊戯であり、まずこの根本問題に答えなければならぬ。……この根本問題に答えることがどれほど重要なことであるか……精神にとって明瞭なものたらしめなければならない。……人生の意義こそもっとも差し迫った問題である。（「不条理と自殺」（新潮社、一九七二年、八二頁）。傍線筆者）

つまり人生が生きるに値するか否か、人生の意義、生きる意味こそ最も差し迫った問題という、真に重大な哲学上の問題を語るのである。

よく知られるフランクル（Frankl、一九〇五～一九九七）の『夜と霧』はナチスのユダヤ人狩りにあい強制収容所に入れられ、ガス室を前に人間の生きる意味を問うた告白書である。フランクルは、ユダヤ人狩りの収容所のガス室で妻子、親戚や縁者を失う。そこで自分自身が生きる意味とは、人々のために生きることにおいて存在価値があることに覚醒する。幸い生きながらえたフランクルは、精神療法医として独自のロゴセラピーを展開し、ウィーン大学教授や米国の教授などを歴任し、著述活動を行った。

『〈生きる意味〉を求めて』（*The Unheard Cry for Meaning*）は、時代の病に苦しむ私たち人間は、共々生きる意味を探究する存在である、と意味を絶えず探し求める存在として、一人の人間を見ることを提言する。

人生が無意味に思え、明らかに人生の無意味感に苦しむ、意味を求めて呼んでいる実存的空虚、何のために生きるのか、意味の欠如、人生の意味を問う実存的な問いや、生きる意味を求める実存的探究が性的問題よりはるかに頻繁に人々の心を支配していると、人間存在の問題点を指摘する。

生きる意味の喪失感をどのように解決しているのか、何の役にも立たない存在者であるがゆえに自分の人生は無意味である。

現代人は、自分が何をしたいのか時折わからなくなり、実存的空虚感が広がり、目標が見つからない状態となる実存的空虚の症状論が無意味感に由来し、自分の存在を無意味で存在理由のない、人生の意味が欠落していることに悩み苦しんでいる。そこに症状が起こってくる。

「人生の意味、人生の価値について人が問うた瞬間人は悩む」（フロイドのボナパルト王女への手紙）。人生の意味について悩むということは、人が人間であるということを証明するものなのではないか。人が意味を求めていくことは、人間にしか見られない顕著な性質だから、本当の意味で「人間になる」、人間らしい姿なのである。

人は常に生きる意味を探し求めている。いつも意味の探究に向かっている。それは人間の根源的な関心であり、人は人生の意味や目的を見出すという課題に向かっていく。

「自分の人生を無意味なものと考える人は、単に不幸なだけでなく、生きていくことさえ難しい」(アインシュタイン)。

この人生が何のためのものなのか。誰のものなのか。今日のニヒリズム、人生が明らかに無意味であるという絶望が躁うつ患者をつくり、人に生きる望みも失わせ自殺気分にもする。希望もなくどうすることもできなかった人生を、意味ある人生へ超越する必要があろう。

パラノイア妄想を抱く精神病は、意味を見出そうとし過ぎることが症状となっている。偏執病ともいい、偏った見解に固執して他人の言説を受けつけぬ、片意地の人間たちが確かにいる。内因性のうつ病は、意味を見ようとしないことが関係している。

内因性のうつ病に苦しむ患者は、精神病という病気のゆえに、人生に意味を見出せなくなっており、神経症的なうつ状態に苦しむ人は、人生に意味を見出せないがゆえにうつ状態になっているのかもしれない。

空しさの時代に人生を意味あるものにする可能性は存在し続けており、その可能性を現実化し得るかどうかはその人の人生に対する態度如何に関わっている。人生を見切ってしまわないこと、自分を必要とする何かがあり、誰かがいる。自分はどう生きるべきか、どう生きればよいか。人生が問われている。

苦悩にあってもすべてを投げ出す必要はない。人生には意味があることにきっと気づくと、現代人の心の病の処方箋を語っている。

二十一世紀という時代社会、私たちが生存する現代社会は、いかなる歴史段階に位置し一体どんな社会なのか、良い方向に果たして発展しているのか、衰微しているのかと思うことがあろう。

この世は「末世」であると仏教は、二文字で大胆的確に表現するが、末法の世は、道義がすたれ仏法の衰えた時代であり濁りの世である。

澆季《ぎょうき》とも言う。澆は軽薄、季は末の意で、道徳の衰えた人情の浮薄となった時代、つまり「救い難い世」であると言うのである。

十九世紀、合理的主観的観念論および実証主義的思潮に対する反動として、実存哲学が登場し、若き日関心をさそった。主体的存在としての人間の「実存」（現実的な存在）、自己の存在に関心をもって主体的な存在、自覚的存在にスポットをあてた哲学が実存主義であった。第二次大戦後広がり、私どもの大学時代、安保闘争学生運動が盛んな中で社会科学的な方法によらず、理性の指針には不信をもち、人間を主体的にとらえ、人間の自由と責任を強調し、孤独と不安、絶望につきまとわれている現実的存在を思索する風潮もあった。

マルクスでなくキルケゴール、ヤスパース、マルセル、ハイデッガー、サルトル、メルロ・ポンティらの哲学、実存哲学の存在が注目された。

ハイデッガーは『存在と時間』にてみずからの立場を「現象学的存在論」と規定、厳密な意味で「実存哲学」を標榜、ヤスパースは、基礎としての主体的に生きる実存、自覚の哲学を展開した。

「主体性が真理であり、主体性が現実である」というキルケゴールの格言や実存主義とは「主体性から出発する」と語るサルトルの言葉などが、今日再び記憶として蘇る。

妻がユダヤ人であるM・ウェーバー、カントをはじめキルケゴール、ニーチェの哲学、フッサールの影響を受けたヤスパース（一八八三～一九六九）は、一九一三年『精神病理学総論』を著わし「病む現代の病理学の処方箋」を語った。

二十世紀は本質的に精神分裂病（統合失調症）的状況である、と述べ「ヒステリーは、本質的に十八世紀であり、これに対して精神分裂病は、とりわけ二十世紀文明と親和性をもっている」と現代社会を語った。

現代社会は、よく病んでいるといわれる。心の病に悩む精神障害者が増加傾向にあり、すでに三〇〇万人を超え自殺者も年間三万人以上といわれる日本社会は、家族の病理、学校、地域、職場の病理、文化の病理など二十一世紀に入りますます病んだ現代社会が深刻になりそうな状況にある。

煩悩《ぼんのう》具足《ぐそく》の凡夫《ぼんぷ》の救済道

「よろづの煩悩にしばられたる我らなり」（『唯信鈔文意《ゆいしんしょうもんい》』）。

親鸞聖人は具縛の凡愚、いし・かわら・つぶての如くなるわれら「屠沽《とこ》の下類《げるい》」のわれらなりと煩悩を具足して生きる人々、被支配者として社会の下層に生きる漁師や商人など庶民に人間の姿を発見し、救いの道、論理を展開した。「煩悩具足の凡夫」という論理展開、百八煩悩、八万四千の煩悩、煩悩論はよく知られている。

人は煩悩によってさまざまな惑いを犯す。煩悩は、悪魔の如く心身を煩わし悩ます。人は、妄念、迷妄の執心、迷いの心を持っている。煩擾悩乱、貪《とん》（むさぼり）、瞋《じん》（いかり）、癡《ち》（おろかしさ）が代表的煩悩、三毒であり、あらゆる煩悩を人間は身に具えていて、貪り、怒り、愚癡など、身心を悩まし、迷界にとどまる一切の種をすべて身に具えている。時として煩悩が火の燃え盛るように激しく燃え、解脱、目的達成、悟りへの障害となる。煩悩のため堕落し、悪い心の働きのみならず悪い行いも惑わされて行う人もいる。

煩悩を煩悩魔、魔と見ている。魔が差す、悪魔が心に入り込んだように、ふと悪念を起こす。不思議な力を持ち、人の善事を妨げる。悪神、魔物の存在である。

妖怪の如く魔性の化け物が自己の中に煩悩として存在している。障礙《しょうげ》（善事を妨げる）、奪命《だつみょう》（生命を奪う）、殺人（人を殺す）、金欲しさ、男と女の関係、男性女性の性《さが》、男女両性間における肉体的な欲望、性的エネルギーは、痴漢、セクハラ、盗撮、下着泥棒、異性とのトラブル、家庭内暴力、同性愛、老人愛、獣姦、死体愛、露出症、窃視症《せっししょう》、サディズム、マゾヒズムなど、性行動異常を発生させる。人権の問題もあり、性の問題のトラブルは、解雇や社会的制裁もあり、エイズなど性病の問題もあり、万般「煩悩論」の問題として悩ましい存在である。

特に若い時は煩悩に惑わされ、道徳的障害と認識的な障害、煩悩の障りによって心が動揺し、浅ましい姿にも軍勢にもなる。

煩悩は、根本的な無知、闇であるが、仏の智慧が人間を守ることになろう。

私たちは、凡夫、愚か者である。聖人、君主ではなく、凡庸な無知なありふれた人間である。仏教の教えを知らず、仏道に入っていない迷える者、平凡な人間である。四諦の道理を理解していない凡庸浅識《ぼんようせんしき》の者で、無明、真理に暗く無明長夜に暮らしている。そしてその業の報いを受け、種々の世界に生まれる。

仏教の説く四種の基本的真理、四つの尊い真理は、神聖なものとして聖という字、および真理、真実ということで諦という字をつけて四聖諦《ししょうたい》という。苦諦《くたい》、集諦《じったい》、滅諦《めったい》、道諦《どうたい》である。この世は苦であるという真実（苦諦）。苦の原因は煩悩、妄執であるという真実（集諦）。苦の原因の滅という真実（滅諦）。滅諦は無常の世を超えて執着を断つことが苦しみを滅した悟りの境地であるということ。さとりに導く実践という真実、すなわち理想の境地に至るためには、八正道の正しい修行方法によるべきであるという（道諦）。ブッダの解脱法は菩提樹下における瞑想による、四つの尊い真理の発見にあったのである。

四弘誓願《しぐせいがん》の一つに「煩悩無数誓願断《ぼんのうむしゅせいがんだん》」（煩悩は数限りなく起こるものではあるが、それらをすっかり断ち切ることを誓う）、天台の『摩訶止観《まかしかん》』では、無数の煩悩を断じての悟りの道であった。

「煩悩を断ちつくす」ということは、煩悩具足の凡夫にとっては不可能な事柄である。断つことができればありがたい。しかし炭団《たどん》の如く、どこまでも黒く、断ちきることができない「救われざる凡夫」たち、われらである。すべての人が救われる道を求めていた親鸞聖人であった。師・法然は、煩悩は煩悩のままに、心が散乱すれば散乱したままで念仏をすればよい。それが諸人が救われる道である。「不断煩悩得涅槃《ふだんぼんのうとくねはん》」と親鸞聖人は『正信偈《しょうしんげ》』に語る念仏道を示したのである。

それは煩悩を断ち尽くせぬ凡夫としての救われざる人間像に、救済の道を与えるものであった。

親鸞聖人の救済対象者

親鸞聖人の救済対象は領家《りょうけ》、地頭《じとう》、名主《なぬし》（村の支配者）、武士たちではなかった。

領家は、荘園において本家に次ぐ地位にある領有者であり、本家は名義上の領有者で、領家が実際に荘務の権限をもっていた。

幕府から地頭に任ぜられた御家人は、任された土地の名主、作人《さくにん》などを支配した。その土地は地頭の領地ではなく、荘園である公領（国衙領《こくがりょう》）であり、地頭の権限は限定されていた。

しかし承久《じょうきゅう》の乱以降、新補《しんぽ》地頭には十一町（十一ヘクタール）ごとに一町（一ヘクタール）の田地を与える。荘園領主に納める年貢のうち一反については五升（七・五キログラム）の米を与える。与えられた土地内部の警察の仕事をする。

地頭は、荘園を全面的に支配してよいというものではなかった。

地頭たちは自分の利益になる土地は勝手に年貢をとりたて自分の家の田畑の耕作、荷物運び、用水路道路づくりのために農民を徴発し気ままに振る舞っていた。

農民は、ただでさえ年中休みなく働いているのに、日照りや水飢饉が起これば、せっかくの作物がだめになって困らされている。それなのに、地頭の使いの者がやってきて、年貢を出せ、とせめる。こうなると、家財などをたたき売ったり、土地や住まいを抵当にして借金をしたりして、年貢を納めなければならない。それもできないということになると、地頭の手の者たちは、妻子をとらえて裸にし、いばらの中に寝かせたり、農民をしばってはだしで氷を踏ませたりする。また、牢屋に入れて水も食べ物も与えなかったり、寒い風の吹くときに池の水の中に立たせたりする。こうして、なんとしてでも年貢を納めよとせめつけるのである。（『北条九代記』）

また阿弖河《あてかわ》荘（和歌山県）の農民は、カナ文字のたどたどしい文で、次のような訴えをしている。

ヲレラ《俺》カコノムキ《麦》マカ《蒔》ヌモノナラハ　メコトモ《女子供》ヲイコメ　ミヽ《耳》ヲキリ　ハナ《鼻》ヲソキ
アマ《尼》ニナシテ　ナワ《縄》ホタチヲウチテ　サエナマント候

（俺たちがこの麦を蒔かないと、妻子をつかまえ、耳を切り鼻をそぎ、髪を切って尼にして縄でしばり、いじめぬくぞと地頭がおどします）

「泣く子と地頭には勝てぬ」という諺は地域の人たちに有無を言わせない権力者、地頭のことである。

また武士は、公領（国衙領）、荘園などの農村の武家造りの館に住んでいた。敵の進入を防ぐため、門の前には厳しい顔つきの武士が立っていて、武装した兵が見張りをしていた。[1]

聖人は、これら権力者たちの救いを考えていたわけではなかった。

では誰に思いやり、いつくしみの眼を注いだのであろうか。

領家、地頭、名主＝武士は、念仏を禁止し、念仏者を憎むものとしての存在であり、それが地頭、名主＝武士であった。

建長七年九月二日付の「念仏の人々」宛の親鸞聖人の手紙には、

要するに、念仏者は、他の諸神・諸仏を否定し、悪は往生の妨げにならないからと思う存分の悪をおこなっているなどとの事実無根のことをつくりあげて、僻事《ひがごと》をことごとに念仏者におおせつけられて、念仏を禁止しようとする村々の領家・地頭・名主の処置がみられることは、まったく理由のあることである。その理由とは、釈迦如来の御言葉には、念仏する人々をそしる者をば「眼なし人」と説き、「耳なし人」とおうせになっている。また、善導《ぜんどう》和尚は「五濁《ごじょく》増《ぞう》の時、疑謗《ぎほう》するもの多く、道俗《どうぞく》相嫌《あいきら》ひて聞こうとしない。修行するもの有るを見ては瞋毒《しんどく》を起こし、ただちに傷つけあって、競いて怨を生ぜん」とはっきりと解釈している。

この世の常として念仏を妨害する人は、その在所在所の領家・地頭・名主であり、釈迦・善導の予言にみえるようにそれは理由のあることである。では親鸞聖人は誰を救済の対象としたのであろうか。

うみかはに、あみをひき、つりをして世をわたるものも、野やまにし、をかり、鳥をとりて、いのちをつなぐともがらも、あきなひをもし、田畠をつくりてすぐる人も、たゞおなじことなり。

聖人は漁夫、釣をして世をわたる者、野山に猟をし命をつなぐともがら、あきないをする商人、農民などの直接生産者、被支配者に救済の必要性を感知していた。

今日の釣をアウトドアスポーツとして楽しむ趣味と違い、生活の糧としての釣である。中世では不殺生（生きものを殺すなかれ）という戒めは五戒の第一、十重禁戒《じゅうじゅうきんかい》の第一であり、いのちある者をことさら殺してはならぬ。物の命をとらぬこと、生命を愛護し育成する仁慈の心は、奈良、平安時代の重要な価値観として鎌倉時代に至っても十善戒《じゅうぜんかい》の一つとして皆の価値観としても生きていて形骸化されていなかった。

直接殺生にかかわる人々は、人非人として人間扱いもされず救いに漏れた底辺の人たちである。

「凡愚屠沽《ぼんぐとこ》の下類」と説かれる。

ひとすぢに具縛《ぐばく》の凡愚屠沽の下類、無碍光仏《むげこうぶつ》の不可思議の本願、広大智慧の名号《みょうごう》を信楽《しんぎょう》すれば、煩悩を具足しながら無上大涅槃にいたるなり。具縛はよろづの煩悩にしばられたるわれらなり、煩はみをわづらわす、悩はこゝろをなやますといふ。屠はよろづのいきたるものをころしほふるものなり。これはれふしといふものなり。沽はよろづのものをうりかふものなり、これはあき人なり。これらを下類といふなり。

屠沽の下類の屠は殺をつかさどり、沽は、酒を売る商人であり、よろずものを売り買いする人である。下人下類は、身分の低い者である下層階級の人たちである。

いし・かわら・つぶてのごくなるわれら

「能令瓦礫変成金《のうりょうぐわりゃくへんじゃうこむ》」といふは、能はよくといふ、令はせしむといふ。瓦《ぐわ》はかはらといふ、礫《りゃく》はつぶてといふ。変成金は、変成はかへなすといふ、金はこがねといふ、かわら・つぶてをこがねにかえなさしめむがごとしとたとへたまへるなり。れふし・あき人さまゞのものは、みないし・かはら・つぶてのごとくなるわれらなり、如来の御《おむ》ちかひをふたごゝろなく信楽《しんげふ》すれば、摂取《せふしゅ》のひかりのなかにおさめとられまゐらせて、かならず大涅槃のさとりをひらかしめたまふは、すなはちれふし・あき人などはいし・かはら・つぶてなむどを、よくこがねとなさしめむがごとしとたとへたまへるなり。

猟師、漁師、商《あきない》をする人たちは皆、石・瓦《かわら》・礫《つぶて》（小石）のごとくなるわれらであると語っている。

破戒　十悪五逆の悪人　謗法闡提《ほうぼうせんだい》の罪人の救済

「不簡破戒罪根深《ふけんはかいざいこんじむ》」といふは、破戒はかみにあらはすところのよろづの道俗《どうぞく》の戒品《かいほん》をうけて、やぶりすてたるもの、これらをきらはずとなり。罪根深といふは、十悪五逆の悪人、謗法闡提の罪人、おほよそ善根すくなきもの、悪業おほきもの、善心あさきもの、悪心ふかきもの、かやうのあさましきさまゞのつみふかきひとを深といふ、ふかしといふことばなり。すべてよきひと、あしきひと、たふときひと、いやしきひとを、無碍光仏《むげくわうぶち》の御ちかひにはきらはずえらばれず、これをみちびきたまふをさきとしむねとするなり。

破戒は、持戒できず、受戒者が戒法に背く行動をし戒法をやぶることである。

十悪は、(一)身の悪、殺生・盗み・邪淫、(二)口の悪、妄語《もうご》（偽り）・綺語《きご》（ざれごと）・悪口・両舌《りょうぜつ》（二枚舌）、(三)意の悪、貪《とん》・瞋《じん》・癡《ち》、十種の悪い行いである。

五逆の罪は、無間《むけん》地獄に堕ちる重罪であり、母を殺すこと・父を殺すこと・聖者を殺すこと・仏の身を傷つけること・教団の和合一致を破戒し分裂させることである。

謗法は、仏教を誹謗すること、仏の教えをそしり正しい真理をないがしろにする最大の罪である。大乗を信ぜぬ人たちであろう。

闡提《せんだい》は、断善根《だんぜんこん》、信不具足《しんふぐそく》の人である。

生死を欲し出離《しゅつり》を求めない不成仏、成仏する素質・因縁をもたない人であり、真理の存在そのものを否定するニヒリストである。つまり因果を信じない人たちである。

そのような虐げられた差別された人々に、聖人は救済の思いやりを示したのである。

親鸞聖人著（八十五歳、康元二年正月二十七日）『唯信鈔文意《ゆいしんしょうもんい》』一巻は、聖覚『唯信鈔』の要文を注釈したものである。聖人の救済観、救済対象が知られよう。

叡尊、忍性のような救済活動はしなかったが、親鸞聖人は、慈悲心にて聖人なりの救済対象を明確にしている。

それは貴族豪族ならぬ一般大衆、社会の下層底辺に生きる人たちの救済である。下層階級の人たちは、財産もなく、また、社会的な地位も低い。生活水準の低い貧しい社会階級、下層社会の人たちである。

いつの時代にも存在するであろう。『唯信鈔文意』（高田専修寺所蔵親鸞自筆本）は語る。

救済対象として、
不簡《ふけん》貧窮《びんぐ》将富貴《しょうふき》といふは、不簡はえらばずきらわずといふ。貧窮はまづしくたしなきものなり。……富貴はとめるひと、よきひとといふ。これらをまさにもつてえらばずきらはず浄土へゐてゆくとなり。

富貴、とめる人も貧しい人々もえらばずきらわず救われるという救済の論理であろう。富貴なとめる人は良いが、貧窮は、貧乏や困窮の人、貧しい人々である。功徳がなく無善の人々である。

貧窮困苦は貧困である。智慧も能力も貧しい者、少しもよいことのない貧しい衆生、貧しく苦しんでいる人たちである。

これらの経済力なき人々は、ちやほやされぬ救いなき人々であり、ここに親鸞聖人の思いやりがみられよう。

現代社会は、社会保障が充実し、生存権や人権がある福祉国家であろう。それは充実した現代社会のお話である。

法然上人は、「貧窮《びんぐう》困乏」の人々、「愚鈍下智」の輩、「少聞少見」の人々、「破戒無戒」のすべての人々が救われる道を求め、専修念仏の道を示し、法然上人を師と仰ぐ親鸞聖人の救済観も同様であったと思われる。

智慧あさく文字も知らず愚痴きわまりなき人々を救済の対象に思いやりを示し、

「不《ふ》簡《けん》下《げ》智《ち》与《よ》高才《こうさい》」といふは、下智は智慧あさく、せばく、すくなきものとなり。高才は才学のひろきもの。これらをえらばずきらはずとなり。

『唯信鈔文意』は、

ゐなかのひと〳〵の文字のこゝろもしらず、あさましき愚痴きはまりなきゆゑに、やすくこゝろえさせむとて、おなじことをたび〳〵とりかへし〳〵かきつけたり。こゝろあらむひとはをかしくおもふべし、あざけりをなすべし。しかれどもおほかたのそしりをかへりみず、ひとすぢにおろかなるものをこゝろえやすからむとてしるせるなり。

康元二歳正月廿七日　　　愚禿親鸞八十五歳　書写之

とある。

『歎異抄』には、

一文不通にして、経釈の行く路もしらない人が称え易からんがための名号ゆえに、易行という。

さらにまた、

たとい諸宗門がこぞって、念仏はつまらぬ人のためのものであり、念仏宗は浅く賤しいというとも、決して争うことなく、われらのような劣って愚かな凡夫、一文不通のもの、信ずれば救われる。ということを承って信じているのだから、全く上根の人たちにとっては賤しくとも、われわれ下根のものゝためには最上の法である。（傍点筆者）

これらの表現のうちにも親鸞聖人の救いをわが救いとしてうけ止めた人々の社会層が想像されるであろう。

また、康元元（一二五六）年十二月十五日附の真仏宛の親鸞聖人の手紙にみえる円仏房も、下人的地位に属する念仏者と考えられ、円仏房は、その主人、いわば所有者の目をかすめて京都の親鸞聖人の許をおとずれている人物である。

内懐虚仮、心のうちに煩悩を具足するわれら、

「不《ふ》得《とく》外《ぐゑ》現《げん》賢《げん》善《ぜん》精《しやう》進《じん》之《し》相《さう》」といふは、あらはにかしこきすがた、善人のかたちをあらはすことなかれ、精進なるすがたをしめすことなかれとなり。そのゆゑは「内《ない》懐《ゑ》虚《こ》仮《け》」なればなり。内はうちといふ、こゝろのうちに煩悩を具せるゆゑに、虚なり仮なり。虚はむなしくして、実ならぬなり、仮はかりにして真ならぬなり。このこゝろはかみにあらはせり。この信心はまことの浄土のたねとなりみとなるべしと、いつはらずへつらはず、実報土のたねとなる信心なり。しかればわれらは善人にもあらず、賢人にもあらず、賢人といふは、かしこくよきひとなり。精進なるこゝろもなし、懈《け》怠《だい》のこゝろのみにして、うちはむなしくいつはり・かざり・へつらふこゝろのみつねにして、まことなるこゝろなきみなりとしるべしとなり。「斟《しむ》酌《しやく》すべし」といふは、ことのありさまにしたがうて、はからふべしといふことばなり。

「不簡破戒罪根深《ふけんはかいざいこんしむ》」といふは、もろもろの戒をやぶりつみふかきひとをきらはずとなり。このやうは、はじめにあらはせり、よくよくみるべし。

注

（1）古川清行『スーパー日本史』講談社、二六七〜二六八頁。

積善《せきぜん》――宗教的善行と往生の行

宗教的行善として善い行いは、尊いであろう。しかしながら阿弥陀仏の浄土に生まれたいと願いながら阿弥陀仏以外の諸仏を礼拝したり、その名を称え讃歎するなどの行を行うことは「雑行《ぞうぎょう》」と言われ、よろずの行として嫌い正行を勧める。

善い行いを修して行としての善を積む善には、定・散の二善があり、心が静まり散乱せず一つの事柄に集中している、雑念はなく精神を統一して観想をこらす定善と心が散乱し動揺していて日常生活における悪をせず、倫理的な善い行為として行う散善がある。

善い行為として心を込めて善根を積み、仏を供養し僧に施し、像を立て写経をするなどの作善は「作㆑善得㆑善（善をなさば善を得）為㆑道得㆑道」（『無量寿経』下、大正蔵十二巻）宗教的作善として尊ばれるべき善行、行としての善であろう。

しかしながら自己の修めし善行によって往生しようと考えるため、自力（自身の力）、仏の力を借りないで自分の力で悟りを開くことができると信じて善行を積む人として自力作善、自身の修行の力として往生を得る者は少なく、往生せぬ者が多いと余行を勧むべからずと語られる。

『選択本願念仏集』を開くと、「一心に専《もっぱ》ら弥陀の名号を念じ、行住坐臥《ぎょうじゅうざが》に時節の久近

を問はず念々に捨てざるは、これを正定の業と名づく」と正行論[1]があり、

「称名念仏はこれ彼の仏の本願の行なり。故にこれを修するものは、彼の仏願に乗じて必ず往生を得[2]」

「唯念仏をもって往生の本願[3]」

「當に知るべし。本願の重願虚しからず、衆生称念すれば必ず往生を得[4]」

「念仏はこれ本願の行、諸行はこれ本願にあらず[5]」

とこの苦悩の多い生死を速かに出離せんとすれば、浄土門の中にも解脱法門として正行・雑業の二種あるが、凡夫としては「雑業」をなげうって、正行への道を選んで帰せねばならぬ。選ぶべき道は、唯正定業に専心することでなければならぬ。正定業は、仏の選定されたものであり、決定往生の行為という意《こころ》である。即南無阿弥陀仏と称えることである。


この正定業《しょうじょうごう》の称名念仏をすれば決定《けつじょう》して往生することができる、という趣旨が論述されている。このことから往生の行として称名念仏（仏の名号念仏を称えること）が正行であり、念仏に対して諸の諸善万行、修善を修する行は諸の形成力があるものの「諸行」であり、称名のみを専らにする専修念仏以外の「助行」、念仏以外の修行「余行」、念仏にともなって起こる称名念仏を助ける「助業」などは、往生の行ではないと語るのである。

造像起塔《ぞうぞうきとう》　起立塔像《きりゅうとうぞう》

仏塔を建てたり仏像を作ったりする宗教的行善は往生の行ではないとする。

起立塔像を「往生の行」とし、僧侶への多額の布施の善行を往生の行とすれば、仏像を造ったり仏塔を建てたりする布施などの六波羅蜜を行いたくとも、財力に富んだ人は行えるが貧しい時代の貧しい人には行えぬ人たちも多々いる。

東大寺の重源は勧進聖として勧募を行ったが、それに応えられる人たちは善を積むことができるのであるが、行いたくとも行えぬ困窮の人たちも大勢いる。

親鸞聖人は、非善と言い、自力の行善ではなく、念仏は、如来の絶対的な救いの働きによる他力の救済であり、自力の善は無効（効力なし）、往生の行ではないと思いやりの救済観を語ったのである。

余行をもって本願としたならば往生せぬ者が多くなる。大乗仏教の心にて一切衆生を一人残らず平等に救済するためには、一人でも往生できない人がいれば自分は決して仏になるまいと誓い、すべての人がすべて残らず往生可能と念仏の一行だけを往生の行とされたのである。

そこにも大乗仏教のすべての人々の摂取不捨《せっしゅふしゃ》という親鸞聖人の思いやり、裕福で余裕があり善を積むことができる人は勧募に応えられるが、行いたくても行えずに宗教的善行が行えぬゆえに悩む救われざる貧しい社会の貧困層の人々への、配慮思いやり優しさが見られるであろう。

注

（1）石井教道『選択集全講』平楽寺書店、一九九五年、九二頁。
（2）同、一〇六頁。
（3）同、一四四頁。
（4）同、一五八頁。
（5）同、三〇九頁。

救われざる者への思いやり――女人往生について

日本の社会は、男性を尊び女性を卑しいとする男尊女卑の思想や態度が長く続き、比叡山や高野山では女人禁制の制度によって女性が修行の道場に入ることを禁止していた。女性は、修行僧にとって修行の妨げになることが多いという思想である。女性の存在は、大切であるにも拘わらず、何故か長い間修行道場入りを禁止していたのである。

明治政府の布告で廃止通達がなされたが、大和の大峰山など、今日も女人禁制を守っている寺院もある。

インドにおいては古く、女性の地位を低く見て、女性は生まれながら存する五つの障《さわ》り、五障《ごしょう》があるとされた。

障は聖道のさまたげとなり、精神的なさまたげ、邪魔となるという考え方である。

仏教には、五戒を守る五善、十戒という戒律、戒めがある。

五戒は在家の仏教信者が守るべき五つの戒めである。

(一)生きものを殺さない、不殺生。

(二)盗みをしないこと、不偸盗《ふちゅうとう》。与えられざるものを手にせぬこと。

(三)男女の間を乱さないこと、不邪淫。性に関して乱れないこと、道ならざる愛欲をおかさないこと。
(四)嘘をつかないこと、不妄語。
(五)酒を飲まないこと、不飲酒。飲酒の禁制である。
優婆塞戒、在家の仏教信者として最小限守るべき戒め、人となる道であった。
さらに大乗仏教教団から追放罪を構成する重罪に、
(一)生きものを殺す
(二)盗む
(三)姦婬する
(四)嘘を言う
(五)酒を売る
(六)在家出家の菩薩および比丘、比丘尼の罪過を説く
(七)自己をたたえ他をそしる
(八)施しをするのを惜しむ
(九)怒って他人の謝罪を許さない
(一〇)仏・法・僧の三宝をそしる
など、十を禁ずるものとした。

今日ではなかなか厳しく、追放罪にかかりそうな現代人の私たちであるが、真面目に禁ずるもの、戒律として尊重されたのである。

五善根、善い果報を招くべき善根、善根を積んだ人たちと違い、障礙、障害となるさわり、妨げになると五つを挙げた。

(一)欺《ぎ》……欺くこと。相手をないがしろにして口にまかせて言う甘言をもって誘いだます、まどわす、馬鹿にする

(二)怠……おこたる、なまける

(三)瞋《じん》……怒り、恨み、憎しみ

(四)恨《こん》……怨むこと、悔むこと

(五)怨……怨むこと、怨念

を女性の業障《ごっしょう》としたのである。悪業、悪の行為(一)~(五)によって生じた障害が、正道の妨げになるので五礙《ごげ》としたのである。

もう一つの考え方による五つの障りに(一)煩悩障、(二)業障、(三)生障、(四)法障、(五)所知障《しょちしょう》の五礙がある。

(一)煩悩障は、解脱を得る上で煩悩という障害物、妨げが悟りの障害となる障りである。

(二)業障は、悪業、悪の行為によって生じた障害が仏法に入る機縁を熟さず、正道の妨

げとなる。

(三)生障は、生ずる、生まれる、生まれ出る、出生の業である。子供が生まれると解脱目的達成の障りとなるであろう。未だ真理を体験するに至っていない人の障りである。

(四)法障は、正法(教え)が聞こえない障りである。機根が熟しても仏法のないところに生まれること。

(五)所知障は、煩悩より断じ難い障りと言われ、知らるべきものに対する妨げ。智の働きの妨げとなる不染汚の無智である。不染汚の染は、色がつく、染まる。汚は汚れる。したがって不染汚とは他のものの色に染まらず、汚れのないことである。

これらの五障によって、梵天王(梵天、宇宙の創造者)、帝釈天(梵天と共に仏法を守護する神)、魔王(欲界の第六天。他化自在天の主)、転輪聖王(武力、刀剣によらず、正義によって全世界を征服、統治、支配する聖王である)、仏身(仏の身体、諸々の特徴を具えた身、不滅の身、法身、永遠不滅の真理、真理(法)から衆生救済のためにこの世に応現した人格身、人格)になれない。

女性には以上の五障があり、梵天王、帝釈、魔王、転輪王、仏になれない。その身のままでは成仏できないとされた。まさに救われざる者であった。

浄土三部経の『観無量寿経《かんむりょうじゅきょう》』に韋提希《いだいけ》王妃の浄土往生、女人往生が説かれている。

韋提希は、中インド摩訶陀国の頻婆沙羅王夫人で阿闍世王の生母である。阿闍世王が王位を奪おうと父王を幽閉した時、韋提希は体に蜜などを塗って面会し、ひそかに飢えをしのがせた。これを知って、阿闍世は母・韋提希も牢獄に入れ、遂に父王を餓死させてしまう。

韋提希は、苦しみのあまり牢獄から釈尊に説法を願い出て、その韋提希のために説かれた女人往生の実在の物語が『観無量寿経』である。他力念仏のその教えは、韋提希夫人のために説かれたのである。

『観無量寿経』では、韋提希王妃の「浄土往生」が説かれ、女人往生の道、女人往生が語られている。

『大無量寿経』第三十五願には「変成男子の願」があり、次の世には男性に生まれ変わって成仏を遂げるとある。

親鸞聖人は「浄土和讃」大経意二十二首十に「弥陀の大悲ふかければ　仏智の不思議をあらはして　変成男子の願をたて　女人成仏ちかひたり」、また「浄土高僧和讃」善導大師付釈文二十六首の三に「弥陀の名願によらざれば　百千万劫すぐれども　いつつのさはりはなれねば　女身をいかでか転ずべき」とある。

女性は五つの障りがあるため仏になれない。したがって変成男子、次の世に生まれ変わって成仏を遂げる。これは今日では女性に対する偏見であり、差別である。女性も男性も平等であり、女性にも舌切り雀の舌を切った意地の悪いお婆さんもいれば、男性にも業の深い人がいて、人間男も女も一緒であり、五障三従《ごしょうさんしょう》説は、納得できぬ女性観であるという女性側からの抗議、不当であるとの意見が聞かれる。

ちなみに三従《さんしょう》とは、夫人は幼くして父に従い、嫁しては夫に従い、老いては子に従う。『上宮勝鬘疏』や『万葉集』にある。三従の女は、女は男に離れて力なし（『義経記』）とある。三つの夫人の徳であろう。夫人が従うべき三つの道とあり、家にあっては父に従い、嫁しては夫に従い、夫死しては子に従うこととある。

親鸞聖人は、阿弥陀如来の前では男女平等であると、男女貴賤わかちなくと和讃（和語のほめうた）に語る。

男女《なんにょ》貴賤ことごとく　弥陀の名号《みょうごう》称するに
行住座臥をえらばれず　時処諸縁もさはりなし
（弥陀の名号となうるは、男女貴賤のわかちなく、
行住坐臥をえらぶなく、時処も諸縁もさまたげず）

『浄土高僧和讃』源信大師付釈文十首七(1)

人間の性別としては、女性は子を産み得る器官を具えていて、母親になれる。男性を父

親にするのは女性のお蔭であり、功績ではないだろうか。

愚禿親鸞作『浄土和讃』大経意《だいきょうのこころ》二十二首の中にあって、日頃女性の葬儀の際によく読まれる和讃に、

真実信心うるひとは　すなはち定聚《じょうじゅ》のかずにいる
不退のくらゐに住すれば　かならず滅度《めつど》にいたらしむ（五十九）

弥陀の大悲ふかければ　仏智《ぶっち》の不思議をあらはして
変成男子《へんじょうなんし》の願をたて　女人成仏ちかひたり（六十）

とある。(2)

仏教では、女性は五障があり、そのままでは成仏できない。そこで『無量寿経《むりょうじゅきょう》』第三十五願に「変成男子の願」があり、次の世には男性に生まれ変わって成仏をとげるとある。

この和讃はあきらかに「変成男子」、次の世に生まれ変わった時に男子になるとあり、『観無量寿経《かんむりょうじゅきょう》』では、韋提希《いだいけ》王妃の浄土往生女人往生の道が開かれ女人成仏が説かれているが、女性差別という意見もある。

「変成男子の願をたて女人成仏ちかひたり」。女人成仏をちかいたりを「ひとしく」と理

解すれば差別はないのであるが、女性が差別されているという女性側からの差別発言を考慮すれば「本願力に遇《あ》いぬれば空《むな》しくすぐる人ぞなし」の和讃のほうが男も女も一緒、男女平等となり、差別観はないであろう。女尊男卑、男尊女卑でもなく男女平等の今日であることは申すまでもないことである。

注

（1）増谷文雄編『親鸞』筑摩書房、一九八五年、一七四頁。

（2）『真宗聖教全書』宗祖部、四九三頁。

親鸞聖人の人生

法然上人との出会い

親鸞聖人は、法然房源空（一一三三〜一二一二）、智慧の法然房によって浄土信仰の眼が開かれた。

法然上人は、美作国久米《みまさかのくにくめ》の押領使《おうりょうし》、漆間《うるま》時国の子である。父の非業の死を契機に九歳で出家し、比叡山にて源光・叡空らに師事、承安五（一一七五）年、善導の『観経疏《かんぎょうしょ》』によって口称念仏の専修に踏み切る。叡山を下り、吉水で念仏の布教に専心した。

延暦寺、興福寺（旧仏教）より弾圧を受け、承元元（一二〇七）年、念仏停止の宣下《せんげ》がなされ、弟子たちと共に流罪となり、法然は土佐に流された。五年後勅免を得て帰洛、まもなく七十九歳で没した。

法然浄土教の宗教的革新性は、

（一）苦行主義との決別
（二）積善主義との決別
（三）伝統的神祇神仏崇拝との決別

(四)念仏至上主義、弥陀一仏信仰にあろう。

(一)は凡夫が現世の「苦」から自在になる解脱、救済の論理の展開であり、本願念仏救済論理が万人に開かれ、特別の修行(ザ・修行)や積善、能力主義は要求されていない。

(二)積善主義は、布施、造塔、持戒などの世俗的価値、作善行為による救済の否定であり、南都《なんと》北嶺《ほくれい》の仏教や経文の暗唱、読誦《どくじゅ》、折伏《しゃくぶく》、書写(写経)、経の尊崇(法華経の作善主義)などと激しく対立する思想と考えられた。

(三)は病気の治癒や呪術的な祈願といった、現世安穏を神仏に祈ることを否定した。と同時に、弥陀の本願との出会いは宿業(人間のいかんともしがたい根本的な力、前世の業縁《ごうえん》)が断ち切られる念仏往生観、その救済観であった。

(四)念仏至上主義は、現実社会の秩序、政治権力との関係「王法(国王の法令、政治)仏法両輪論」を否定し、伝統的宗教世界をも否定し、阿弥陀一仏の信仰による他の神仏無視の改革的宗教運動の出現と捉えられた。

王法を守護する伝統仏教の宗教的権威を根底から揺るがすものであり、政治的権力の世俗的権利を認めず、個人の安心立命を求める個の宗教の確立を目指す宗教の出現は、危険なものと見られた。

朝廷の重要な役職に就いていた人たちの帰依も無視できない状況となり、法難（迫害）となった。いわゆる宗教的弾圧である。基本的には、新たな価値観と救済観を示す宗教運動の登場に、政治権力側が自らの政治や宗教的救済に伝統教団が危機感をもった。時の政治権力や、強大な既成宗教勢力が明白な抑圧の意志のもとで行った迫害行為であり、法難とは、仏教運動が弾圧を受けた時に「正しい教えが正しさのゆえに弾圧を受けた」ことを意味する。弾圧する側からは、廃仏、破仏、毀釈《きしゃく》などと言い、弾圧を受けた側からは古代から現代に至るまで「法難」というのである。

法然上人の専修《せんじゅ》念仏集団は三回、三大法難にあっている。

正しい教え、念仏の弾圧

(一)元久《げんきゅう》の法難

法然浄土教が南都北嶺(南都は奈良の興福寺、北嶺は比叡山延暦寺)の無視できぬところとなり、元久元(一二〇四)年、延暦寺の衆徒が専修念仏の停止を天台座主真性《しんしょう》に訴えた。法然は弟子を集め、皆に自戒を求め、七箇条からなる制誡『七箇条起請文《しちかじょうきしょうもん》』(一九〇名の署名、法蓮坊信空筆者)を真性に提出し、その厳守を神仏にかけて誓わせた。

比叡山の不満は沈静化したものの、南都興福寺の衆徒はおさまらず、翌年十月「念仏禁止」を訴えるため、貞慶が起草した九箇条の『興福寺奏状《こうぶくじそうじょう》』にて後鳥羽上皇に訴えたのである。

朝廷は、翌、建永元(一二〇六)年、興福寺から名指された行空と遵西《じゅんさい》を処罰したが、興福寺の念仏停止の運動は続いた。行空は法然の有力な弟子の一人であり、『七箇条起請文』には四十番目に署名が見られる。その行空を「一念往生義(寂光浄土義)」を立てているので配流せよと重訴した。

建永元年二月三十日、行空と遵西の罪が宣旨《せんじ》され、行空は、佐渡流罪となった(佐渡両津市河崎、曹洞宗晃照寺に石碑がある)。

遵西は安楽房である。声明音楽の才があり美声であった。住蓮と共に「六時礼讃」に哀調を帯びた節をつけ、多くの人に心の安らぎを与えた。

建久三（一一九二）年、後白河法皇の追善にも「六時礼讃」を読経し、東山霊山寺にて別時念仏に加わり、元久二（一二〇五）年、藤原隆信の臨終に菩提を弔っている人である。

法然上人の『選択集』の撰述に当たっては執筆役を命じられ、第三章の途中より真観房感西にその役が変わっている。遵西が鎌倉へ下り念仏を宣布した時、その講説を聞き、名川道弁が金光房を誘い専修念仏に帰依し、上洛して法然上人の門に入ったと言われる。『七箇条起請文』には、門弟として遵西は三十番目に署名している。

南都北嶺の念仏者の弾圧は鎮まらず、建永元年二月、興福寺の五師三綱《ごしさんこう》によって、法然上人、住蓮、成覚房、幸西、法本房行空、遵西らを罪科に処すように訴えられた。この時法然は、行空を破門せざるを得ず、遵西は直接の科を猶予された。

（二）建永《けんえい》の法難

建永元年十二月、後鳥羽上皇に仕える女房松虫、鈴虫の二人が上皇熊野参詣中に、東谷鹿ヶ谷の別時念仏の折に出家したことに端を発し、翌二年二月九日、住蓮、安楽の二名は六条河原において死罪、法然は七十五歳にて四国遠流が同月十八日に決定し、二十七日院宣が下った。流罪名は藤井元彦であった（『愚禿鈔』巻六）。

三月に京都、都を発った法然は、摂津経ヶ島、空の泊を経て讃岐国塩飽《しあく》の地頭の館に入った。住蓮は『七箇条起請文』には門下として十六番目に署名している。南都北嶺の念仏者弾圧では建永元年二月、興福寺の五師三綱によって法然上人、遵西、成覚房、幸西、法本房、行空、住蓮も罪科に処されるべしと訴えられている。この時行空は、法然上人の破門にあったが、住蓮は直接の罪過を免れた。

ところが同年十二月後鳥羽上皇が熊野詣りにて留守の間、住蓮は遵西と東山鹿ヶ谷で六時礼讃を美声を持って唱えた。それがきっかけで上皇の小御所《こごしょ》の女房と坊門局《ぼうもんのつぼね》の二人が出家してしまった。これを知った上皇が怒り、法然門下の弾圧も強まり、住蓮は承元元年、近江馬淵で斬罪《ざんざい》となったのである。

（三）嘉禄の法難

法然上人滅後も念仏運動の拡大は広まる一方であった。そのため建保五（一二一七）年以降七ヶ年に五回念仏禁止の令が出された。嘉禄三（一二二七）年六月、延暦寺衆徒による大谷の法然上人の墳墓の破却未遂事件が起こった。法然上人滅後十五年目に当たる年である。

賢者定照が念仏の広まりを妬み、『弾選択』を著して、隆寛は『顕選択』を著して論破、これに怒った定照が山門衆徒に働きかけたらしい。

京都守護、平時氏は西仏を送り、この破却を未然に防ぐ。遺骨の改葬は信空と良快によって計画されて、宇都宮入道蓮生に守護され嵯峨に安置され、後に広隆寺円空のもとへ移された。

一二二七年七月、隆寛は陸奥、空阿は薩摩、幸西は壱岐へそれぞれ配流され、直後に専修念仏の停止の宣旨が出された。翌安貞二年、栗生で信空、覚阿によって荼毘《だび》にふされたのである。(1)

注

(1) 藤井正雄・金子寛哉・鷲見定信・竹田道生編『法然辞典』東京堂出版、一九九七年。

法然、門弟たちの法難

法然門下の人たちは同じく比叡山を降りて集った同信の人々であった。その同心の人たちの一人としての親鸞聖人である。

法然門下として聖光房弁長《しょうこうぼうべんちょう》の浄土宗鎮西派教団、善慧房証空《ぜんねぼうしょうくう》を派祖とする浄土宗西山派、これらの教団が独立的な一教団として形成されるのは、法然の直弟子の人々が亡くなってから百年も二百年も後のことである。いかに既成の権力的な仏教迫害が激しく永続的であったか、歴史の歩みが語っている。

南都興福寺（法相宗）、北嶺比叡山（天台宗）の論難迫害は法難として述べたが、晩年の建永二（一二〇二）年の迫害に続き、滅後の『摧邪輪《ざいじゃりん》』（三巻）明恵高弁《みょうえこうべん》（一一七三～一二三二）撰は、『選択集』を読んだ高弁が浄土経典（『大経』『観経』）をはじめ、曇鸞《どんらん》、善導などの浄土列祖の所説を引きながら、建暦二（一二一二）年十一月二十三日に『選択集』に説くところを邪輪に喩え破摧することから、具名《ぐみょう》を『破選択邪輪』『於一向専修宗選《おいっこうせんじゅしゅうせん》択集中《たくしゅうちゅう》摧邪輪』という。法然の所説に対し十三の過失を挙げている。

要点としては、大乗仏教で重視する菩提心を雑行とし、浄土往生には不要なものとし、聖道門を群賊に喩えている点を指摘している。

高弁は、京都栂尾の高山寺を建立し、華厳宗の中興と言われ旧仏教の復興につとめ、『選択集』を邪説とし『摧邪輪』および『摧邪輪荘厳記《ざいじゃりんしょうごんき》』を著し攻撃したのである。

後著『荘厳記』は、『摧邪輪』撰述の翌年六月に重ねて『選択集』の所説を非難したもので、摂取不捨《せっしゅふしゃ》の言葉の理解を誤った過失、念仏をもって本願と名づけ『観経』の説を誤って理解している過失、十声十念《じゅっしょうじゅうねん》の意味を誤って理解している過失、三点が『摧邪輪』の十三の指摘に加えられている。

聖光房弁長（一一六二〜一二三八）は、法然の門弟で浄土宗二祖二代、鎮西派の祖である。法然の偏依善導の教旨を勧め、「善導宗」「善導寺」「光明寺」などを好んで使い、四十八ヶ寺を建立したと伝えられる。

仏像彫刻にもすぐれたものを残している。

宗内の意義邪流を正し法然の正統を示すことにつとめ、『末代念仏授手印《じゅしゅいん》』一巻、『浄土宗名目問答』三巻、『念仏名義集』三巻、『念仏三心要集』一巻、『浄土宗要集』六巻、『徹選択本願念仏集』二巻などの著述がある。

門弟は二十名を数え、良忠《りょうちゅう》を始め多くの弟子がいたようである。

『摧邪輪』の論難（一二一二年）、嘉禄の法難（一二二七年）、天福（一二三四年）、延応（一二四〇年）をピークとする迫害は激しく、国土を乱す日本の神々を尊敬せざるもの（『興福寺奏状』

など）は、国家権力と結んでの論難迫害であった。

法然およびその門弟たちの主著のいずれもが、論難迫害のその真っ只中で撰述されている社会状況に注目したい。

当然『教行信証』、親鸞聖人の主著も建永の迫害を言及し、憤激の言をその後序に置いている。

これらは学問論争ではなく、越後御流罪（五年間）および打首という、権力仏教界および上皇の迫害であった点、法難の視座を忘れてはならない。

親鸞聖人の教義はこのような状況下とてどこまでも妥協がなく、専修念仏一行の旗印が鮮明である。

聖道門自力修行、自力の発菩提心、持戒の諸善行を廃し、浄土門他力念仏一行、他力を信ずる称名専修の念仏道を立て、既成の権力、聖道門に屈しなかった。

つまり法然上人の教え、聖覚《せいかく》（『唯信鈔』など）、隆寛《りゅうかん》（『一念多念分別事』など）をささえに、証空《しょうくう》（『観経疏観門』など）、幸西《こうさい》（『玄義分抄』など）と共に他力念仏一行専修、他力救済を強調している。

弁長や長西《ちょうさい》は、権力仏教界に対し妥協的な教義を示すとも言える。弁長（『末代念仏授手印』など）や長西（『観経疏光明抄』など）の思想は、自力的実践、つまり聖道門の立場や自力諸善行の実践価値をより多く認めようとする。

ここに親鸞聖人の他力念仏救済道としての特色がうかがえる。

『選択本願念仏集』第三章本願章には貧窮困乏《びんぐこんぼう》なる貧賤の人、富貴なる人、智者と愚者、持戒者と破戒者の相対差別を超えて絶対愚者の信仰を示す。

『大経釈』は叡山、高野山および東大寺からも捨てられた当時の女性の念仏による平等救済を力説し、愚痴十悪の法然房の主唱の他力称名専修念仏をもっと徹底し強調する愚禿親鸞の思想が明らかになるのである。(1)

法然上人の説語法語、行状（伝記書簡）などを集録し書き写したものに『西方指南抄』（全三巻六冊）がある。

高田専修寺に、親鸞聖人の直筆本（国宝）が蔵されている。

法然上人の主著『選択本願念仏集』の結びの文「善導の観経の疏《しょ》は　これ西方の指南行者の目足なり」の西方指南による『西方指南抄』の題名と考えられている。

法然の言行録には『黒谷上人語灯録』『漢語灯録』『和語灯録』了恵《りょうえ》編集があり、二十八章のうち二十一章はこの『語灯録』に収められている。

『西方指南抄』（康元二（一二五七）年成立）の方が『黒谷上人語灯録』（文永十二（一二七五）年成立）より十八年早く著されている。

第五段　法語十八条……「地蔵などの諸の菩薩を蔑如《べつじょ》すべからず。往生以後伴侶たるべきゆえなりと」など十八の法語を集めたもの。

第七段　聖人の御事諸人夢記……法然上人を慕う人々が夢に見た上人の往生の奇瑞などを記録したもので、十六の夢が集められている。

第十段　源空上人私日記……親鸞聖人の書いた法然の略伝。

第十一段　決定往生三機行相……わずか五百字たらずの短文で浄土宗の大綱を示したもの。

第十三段　名号の勝徳と本願の体用……阿弥陀仏の名号が余仏よりすぐれていること。阿弥陀仏の本願とその働き、本願と本誓との差異について問答体をもって明らかにしたもの。

第二十一段　浄土宗の大意……往生すること決定的である人たちの中にも信心決定せる機、信行共にかねたる機、ただ行相ばかりなる機の三類の性格の人があるとし、それぞれに相応した念仏の在り方を示したもの。

第二十二段　四種往生事の七段……四種の往生の標目とこれを説く経典名をあげている。

以上の七段が『西方指南抄』にのみ伝えられているのである（段ごとに名称はついていない）(2)。

法然上人は、親鸞聖人にとってよき師であり、宗教上の指導者であった。「大師聖人」「故法然聖人」と書簡（『聖全』二）にあり、教えの師、師に対し至心（この上もなく）、随順（従って逆らわぬ、おとなしく従う）な姿勢を示している。

専修念仏教団の法難については、主著『教行信証』に、数人の人たちとの承元の法難を末尾に記録している。

竊《ひそ》かにおもんみれば、聖道《しゃうだう》の諸教《しょけう》は行証《ぎゃうしょう》ひさしく廃《すた》れ、浄土の真宗は証道いま盛りなり。しかるに諸寺の釈門《しゃくもん》、教《けう》に昏《くら》くして真仮《しんけ》の門戸を知らず、洛都の儒林、行に迷うて邪正の道路をわきまふることなし。ここを以て、興福寺の学徒、太上《だじゃう》天皇〔後鳥羽の院と号す〕（諱尊成《いみなたかなり》）今上〔土御門の院と号す〕（諱為仁《いみなためひと》）聖暦《せいれき》、承元《しょうぐゑん》丁卯《ひのとのう》の歳、仲春上旬の候に奏達《そうだち》す。主上臣下、法に背き義に違《い》し、忿をなし怨を結ぶ。これに因りて、真宗興隆の大祖源空《ぐゑんくう》法師ならびに門徒数輩《しゅはい》、罪科を考へず、みだりがはしく死罪に坐《つみ》す。あるいは僧儀を改めて姓名《しゃうみゃう》を賜ふて遠流《をんる》に処す。予はその一なり。しかればすでに僧にあらず俗にあらず。この故に禿《とく》の字を以て姓とす。空師《くうし》ならびに弟子など、諸方の辺州《へんしう》に坐《つみ》して五年の居諸《きょしょ》を経たりき。

皇帝〔佐土の院〕（諱守成《いみなもりなり》）聖代《せいたい》、建暦《けんりゃく》辛未《かのとのひつじ》の歳、子月《しぐわち》の中旬第七日に、勅免《ちょくめん》を蒙《かふ》りて入洛《じゆらく》して已後《いご》、空《くう》、洛陽の東山の西の麓、鳥部野《とりべの》の北の辺《ほとり》、大谷に居たまひき。同じき二年壬申寅月の下旬第五日午《うま》の時に入滅《にふめち》したまふ。奇瑞称計《きずいしようげ》すべからず。別伝《べちでん》に見えたり。

意訳

よくよく考え思いめぐらせてみると、聖道門の諸々の教えは行（修行）証（悟り）、長い間久しく廃れ、浄土の真宗は証道（悟りに至る道）が今盛りである。それにも拘わらず、南都北嶺諸寺の僧侶たちは、教えに物を弁別する智力がなく暗愚であり、まことの教え、仮の教えも区別も知らず、都（京都）の学者たち、行に迷い邪な教え、正しい真実の教えの道をわきまえることがない。この状態をもって奈良の興福寺の学僧たち、後鳥羽上皇（諱尊成）、今上、土御門天皇（諱為仁）、承元元年二月上旬の頃、朝廷に念仏禁止を訴えたのである。天皇も臣下も法に背き義（人の行うべき正しい筋道）を違え、怒りをなし怨みを結ぶ。これによって真宗興隆の大祖、源空法師ならびに門弟の輩たちを罪の有無を考えず、みだりに無法の死罪とした。あるいは僧侶の身分を改めて俗人とし、流罪遠流に処した。私もその一人である。そのようであるから、僧にあらず俗にあらず。この故に禿の字をもって姓とする。法然上人とその弟子たちは、あちらこちらの辺鄙なところに流罪となり、五年の歳月を送ったのである。

順徳天皇佐渡の院（諱守成）の代に至り、建暦元年十一月十七日に、法然上人は罪がとけ、都にお帰りになられ、以降東山の西の麓、鳥部野の北のほとり、大谷においでになられた。同じ年の二年一月二十五日正午に入滅なさった。不思議な現象が数多くあった。法然上人の伝記（『西方指南鈔』親鸞著「源空聖人私日記」）にそのことは記されている。

本願に帰す

しかるに愚禿釈《ぐとくしゃく》の鸞《らん》、建仁辛酉《かのとのとり》の暦、雑行《ぞうぎょう》を棄てて本願に帰す。元久乙丑《げんきゅうきのとのうし》の歳、恩恕《おんじょ》を蒙《かふ》りて選択を書《しょ》しき。同じき年の初夏中旬第四日《しにち》に、「選択《せんじゃく》本願念仏集」の内題の字、ならびに「南無阿弥陀仏、往生之業《おうじょうしごふ》、念仏為本《いほん》」と「釈綽空」の字と、空の真筆を以て、これを書かしめたまひき。同じき日、空の真影《しんえい》申し預りて、図画《ずゑ》したてまつる。同じき二年閏七月下旬第九日、真影の銘に、真筆を以て「南無阿弥陀仏」と「若我成仏十方衆生《にゃくがじょうぶつじっぽうしゅじょう》、称我名号下至十声《しょうがみやうがうげしじふしやふ》、若不生者不取正覚《にゃくふしょうじゃふしゅしょうがく》、彼仏今現在成仏《ひぶつこんげんざいじょうぶつ》、当知本誓重願不虚《とうちほんぜいじゅうがんふこ》、衆生称念必得往生《しゅじょうしょうねんひっとくおうじょう》」の真文《しんもん》とを書かしめたまふ。また夢の告に依《よ》りて、綽空の字を改めて、同じき日御筆を以て名の字を書かしめたまひ畢《をは》んぬ。本師聖人、今年《こんねん》は七旬三の御歳なり。
選択本願念仏集は、禅定博陸《ぜんぢやうはくりく》（月輪殿兼実《つきわどのかねざね》、法名円照《えんしょう》）の教命《かふめい》に依《よ》りて撰集《せんじふ》せしむるところなり。真宗の簡要、念仏の奥義、これに摂在せり。見るもの諭りやすし。誠にこれ希有最勝《けうさいしょう》の華文《くわもん》、無上甚深の宝典《ほうでん》なり。年を渉《わた》り日を渉りて、その教誨《けうくゑ》を蒙るの人、千万なりといへども、親と云ひ疎《そ》と云ひ、この見写《けんしゃ》を獲《う》るの徒、甚だ以て難し。しかるにすでに製作を書写し、真影を図画せり。これ専念正業《しやうごふ》の徳なり、これ決定《くゑちぢやう》往生《わうじやう》の徴（徴の字、千の反、あらはす）なり。よりて悲喜の涙を抑へて由来の縁を註す。(3)

意訳

ところで愚禿釈の鸞、私、親鸞は、建仁元年、雑行（自力の行）を捨てて阿弥陀仏の本願に帰依することができた。元久二年、法然上人のお許しを得て『選択（本願念仏）集』を書写した。同じ年の四月十四日に『選択本願念仏集』の内題の字、ならびに「南無阿弥陀仏、往生之業、念仏為本」と「釈綽空」の字と、法然上人の真筆をもってお書きになりいただけた。同じ年、法然上人の真影をお預かりし、図画を許された。同じき元久二年七月下旬第九日、真影に真筆を以て「南無阿弥陀仏」と「若我成仏十方衆生、称我名号下至十声、若不生者不取正覚、彼仏今現在成仏、当知本誓重願不虚、衆生称念必得往生」との善導大師の『往生礼讃』の文を、法然上人自らお書き下さった。また、夢のお告げによって綽空の字を善信と改めて、同じその日に法然上人は筆をもって書き終わった。法然上人は今年は七十三歳であられる。

『選択本願念仏集』は、仏門に入った関白九条兼実公の求めによって選択せられたものである。真宗の要、念仏の奥義がこれに収在している。見る者は深い教えを悟りやすい。誠に希な最も勝れた筆文であり、この上もなく深い宝典である。長い歳月の間に法然上人の教えに出遭った人は、千人とも万人とも数え切れないのであるが、親しいとか疎遠であるからを問わず、これを拝見したり書写したりすることを許された輩（者）はごくわずかである。それにも拘わらず、既に私、親鸞は、書写させていただき、法然上人の真影（お姿）まで図画させていただいた。これは念仏道、その教えに帰順したお蔭、徳である。これ決定往生（必ず往生すること間違いない）のしるしである。よって悲しみと喜びの涙を抑えて、ことの次第の縁を書き記したのである。(4)

注

（1）『現代語訳　しんらん全集』先学九、普通社、一九五八年、一四八～一五六頁。

（2）菊村紀彦編『親鸞辞典』東京堂出版、二〇〇一年、八八頁。

（3）『親鸞』日本思想大系、岩波書店、一九七一年、四二三～四二四頁。

（4）矢田了章『教行信証入門』大法輪閣、二〇〇八年、四〇二～四〇八頁。意訳本書を参照に拙訳を試みた。

親鸞聖人の妻と子供たち

恵信尼公との結婚

若き日の親鸞聖人、その血気盛んな若き日々は、一人の赤裸裸な人間として、人として、子孫を残す本能とも言える性の問題に、僧侶とはいえ悩んだのではなかろうか。煩悩具足の凡夫とわれら人間の姿を洞察している。

山を出でて、六角堂に百日こもらせ給ひて、後世を祈らせ給ひけるに、九十五日のあか月、聖徳太子の文を結びて示現にあずからせ給ひて候ければ、やがてそのあか月いでさせ給ひて、後世の助からんずる縁にあひまゐらせんと尋ねまゐらせて、法然上人にあひまゐらせて……（『恵信尼消息』三）

聖人は、建仁元（一二〇一）年、後世助かる道を求めて六角堂に百日参籠したところ、九十五日目の暁、聖徳太子の示現にあずかり、法然上人を尋ねたという。六角堂、頂法寺は、聖徳太子創建と伝えられる。

親鸞聖人は『教行信証』後序で「建《けん》仁《にん》辛酉《かのとのとり》の暦雑行《ぞうぎょう》をすてて本願に帰す」と記述し、法然上人の浄土門に入るその機が六角堂の参籠であったと言う。「行者宿報設女犯」の四句の偈文は、親鸞伝として有名であるが妻帯に関するものとも言われている。

行者宿報シテ設女犯ストモ　我至二玉女ノ身ト一被ムレ犯カセ　一生之《の》間能《よく》荘厳シテ　臨終引導シテ　生セシメン二極楽ニ一。

六角堂の救世観音が、端正な僧形を示現して白い袈裟をつけ、大きな白蓮華《びゃくれんげ》に端座して善信に告命し、これはわが誓願であるから、諸人によく聞かしめよと告げたので、聖人は数千万の人々に説き聞かしめ終わると、夢が覚めたというのである（高田専修寺には親鸞の高弟、真仏書写のその『親鸞夢記』が蔵されている）。

この四句は「聖人がもし宿業によって妻帯することがあれば、救世観音が玉の如き美しい女となって妻となり、聖人の一生涯を荘厳し、臨終に引導するであろう」との意である。念仏は、出家僧ばかり救われるものではない。色々な宿業に苦悩する人々の家庭においても味わわれるものである。それを広く人々に説き聞かし終わったということは、念仏道が諸人、つまりわれらの救われる道であることを示した文として意義深い。

吉水入室の契機になった僧侶聖覚《せいかく》（一一六七～一二三五）の存在がある。聖覚は生涯天台僧として唱導（説法）の面で名が高く、「万人落涙」であった。法然浄土教に帰依したことでも知られ、その著『唯信鈔』に浄土信仰がまとめられ、親鸞聖人もこの書の影響を受けている。

この聖覚が唱導の大家、父澄憲同様、妻帯している。聖覚は、親鸞聖人に、吉水にて念仏を説く師、法然上人の存在を知らしめ、指南（教え導く、示す）したとも言われている。

父澄憲と共に公然と妻帯し、伝統の叡山の仏教僧にあって、法然の信仰に共鳴したり、異色の存在であったと言われている。

生死度脱の道を希求しながらも煩悩に惑わされていた親鸞は、信頼ある聖覚の妻帯も見聞きして、妻子をもつ民衆と共に歩く生涯、人生航路を希望したのではなかろうか。恵信尼公にめぐり会う前の聖覚の妻帯経験が人生観に影響を与えていたとも充分考えられるのではなかろうか。

さて、聖人の妻恵信尼は、法名恵信、寿永元（一一八二）年、越後生まれであると推考されている。尼が没してから二百八十年くらい経って編まれた『大谷一流系図』（天文十年実悟編）に「兵部三輔三善為教女」とあるのが最も早い記述・記録である。

二百八十年も経って書かれた系図の編者の実悟（一四九二～一五八三）は、本願寺八世蓮如の十男である。中世本願寺の歴史研究、今日の真宗書誌の研究に大きく寄与している子息で、父蓮如の行実を丹念に集録し著述している点で、歴史意識は相当鋭く、何ら根拠のないことを創作して書いたとも考えられない(1)。

九条兼実の日記『玉葉』に、三善為教《ためのり》という人が同書治承二年正月二十七日条にあり、その前年頃まで越後介であったとあること。そして新潟県板倉町字東山寺に山寺薬師（寺）があり、その本尊薬師に応永二（一三九五）年七月、「三善讃阿」を大檀那として六条仏所筑後法眼が彫造したと胎内銘があり、同じ大きさの釈迦、弥陀の二尊も安置されている。室町時代の初め頃まで、この地方で仏像三体を造立する財力のある三善氏なる豪族が存在したことは間違いないと考えられている。

恵信尼は、御消息の文章から見る限り、尼その人は文章も上手であり、教養も高い。そして平素日記をつけていた形跡が伺える。相当数の下人をもっていた（『御消息一・二通』）。晩年丈七尺の五重石塔の造立を発願していること（『御消息七・八通』）などから、恵信尼公が相当な家庭、豪族級であったと推察される。父上は新井市近辺に所領のあった三善為教であり、土着の豪族であったと推察されている。

最も信頼の高いと評されている「大谷一流系図」には、親鸞聖人の子女として七人が挙げられている。

一、範意……遁世改印信。母後法性寺摂政兼実公女（遁世してのちは印信といった。母は摂政兼実の娘である）。覚如の六人の君達、六人の母、恵信尼公説を採用すると、範意は謎の人物である。

二、女子……号小黒女房母兵部大輔、三善為教女、法名恵信（小黒女房と号す、母は兵部大輔三善為教の娘で法名を恵信という）

三、善鸞……宮内卿遁世号慈信房（略）母同右（遁世してのちは慈信房と号した。母は前に同じ）

四、明信……号栗沢信蓮房（栗沢信蓮房と号した）

五、有房……号益方大夫入道（略）（益方大夫入道と号した）

六、女子……号高野禅尼（高野禅尼と号した）

七、号……右兵衛督局（略）出家法名覚信母各同（出家して法名を覚信という母は前に同じ）

『恵信尼消息』第五通に、

　しんれんぼうは日つじのとし、三月三日のひる、むまれて候しかば、ことしは五十三やらんとぞおぼえ候。こうちやう三ねん二月十日　ゑ信

　　信蓮房は未《ひつじ》の年、三月三日に生まれたのですから、今年は五十三だろうか、と記憶します。弘長三年二月十日　恵信[2]

信蓮房は、承久五年三月三日に三十九歳の聖人と三十歳の恵信尼との間に生まれたことがわかるであろう。結婚の時期を推定するもっとも早い史料である。

　聖人が越後御流罪になった三十五歳、信蓮房誕生の前年頃、聖人三十八歳、恵信尼二十九歳の頃が結婚の時期と推定できる。[3]

二、小黒女房は新潟県東頸城郡安塚町小黒に嫁して子供を産み、早世したと伝えられている。

三、善鸞は、父子義絶としてよく知られているが、義絶は建長八（一二五六）年、恵信

尼七十五歳、親鸞八十四歳、五月二十九日である。

四、明信は、信蓮房明信といい、栗沢に住んでいたので「栗沢の信蓮房」といった（『日野一流系図』）。栗沢は新潟県中頸城郡板倉町字栗沢である。一二一一年未《ひつじ》の年生まれである。

五、益方は有房といい、出家して法名道性、益方丈夫入道と号した（『日野一流系図』）。今の新潟県中頸城郡板倉町の地である。玄藤寺益方に住んだ。

七、覚信尼は「わうごぜん」である。覚信尼の長男は光寿御前、のちの覚恵である。聖人の曽孫である本願寺三代覚如は、『口伝鈔』にて曽祖母につき「恵信御坊（男女六人の君達の御母儀）」と書いている。

恵信尼公の『御消息』にあらわれているのは、(四)信蓮房、(五)益方、(二)小黒女房、(七)覚信尼（わうごぜん）の四人である。子供六人の母は三善為教の女、法名恵信、恵信尼であり、男子三人女子三人の計六人の子供であると『口伝鈔』は語る。

聖人と恵信尼公との結婚生活は、越後において始まったと考えられている。

恵信尼公の手紙は四名の子供を語るが、善鸞を数えると五人系図に出ていて、他の史料から確認できない子供として(一)範意と、(六)高野禅尼の二人がいる。

親鸞聖人は、弘長二（一二六二）年十一月二十八日、九十歳をもって弟の尋有の善法院で入滅した。翌二十九日、御遺体は東山鳥部野で荼毘にふされた（『恵信尼文書』三）。

注

（1）宮崎圓遵、藤島達朗、平松令三編『親鸞聖人』徳間書店、一九七三年、一三〇頁。

（2）石田瑞磨『親鸞とその妻の手紙』春秋社、一九六八年、二二六頁。

（3）前掲書『親鸞聖人』一三一頁。

念仏――この世での御利益

現生十種《げんしょうじゅっしゅ》の益《やく》について

親鸞聖人は『教行信証』信巻にて、現生十種益について、念仏者は現世に生きているうちに十種の利益を受けると、自身の言葉で述べている。いわゆる現生十種の益である。

金剛の真心を獲得すれば、横に五趣八難の道を超え、かならず現生に十種の益をう。なにものか十とする。ひとつには冥衆護持の益、ふたつには至徳具足の益、みつには転悪成善の益、よつには諸仏護念の益、いつつには諸仏称讃の益、むつには心光常護の益、ななつには心多歓喜の益、やつには知恩報徳の益、ここのつには常行大悲の益、とおには入正定聚の益なり。

とある。

現世、この生をうけた世、現在の生存の御利益は十種あると語るのである。(1)

十項目はそれぞれの項目にご利益の「益《やく》」をつけ、

一、冥衆護持《みょうしゅごじ》……「冥衆」は梵天・帝釈天・鬼神・閻魔王など、人の目に見えない神的存在が「護持」し、護り保つ。

二、至徳具足《しとくぐそく》……「至徳」最上の功徳（名号）が充分に備わっている。

三、転悪成善……阿弥陀仏を信ずる信心には、五逆・十悪の罪悪を転滅して、言葉では説くことのできない程の大善根を成就する功徳がある。

四、諸仏護念《しょぶつごねん》……阿弥陀仏を念ずる者は、十方の諸仏に護られる功徳がある。

五、諸仏称讃《しょぶつしょうさん》……阿弥陀仏を信じて念仏する者は、現世において諸仏に称讃されるという利益を受ける。

六、心光常護《しんこうじょうご》……仏が慈悲の心を持って照らすところの光明、仏光を光に例えて言う。その光が常に護る。

七、心多歓喜《しんたかんき》……阿弥陀仏を信じる者は、自ら受ける阿弥陀仏の恩を感謝し、その感謝の気持ちをもってすべてを実行する。

八、知恩報徳《ちおんほうとく》……阿弥陀仏を信ずる者は、喜びの思いが胸に満ちる。

九、常行大悲《じょうぎょうだいひ》……常に大慈悲の行を行う身になる。

十、入正定聚《にゅうしょうじょうじゅ》……阿弥陀仏を信じ念仏する者は、すでに現世において正定聚の位（正しく仏の境地に至ることに定まっている位）に入る利益を得る。[2]

さらに、親鸞聖人の『浄土和讃』の最後に現世利益和讃が十五首収められている。

「浄土和讃」は五つの和讃群をもって構成されている。

第一の和讃群は「讃阿弥陀仏偈和讃」と題される四十八首である。曇鸞『讃阿弥陀仏偈』

の中から諸句を選び抜き、和語をもってやわらげ歌ったものである。

第二の和讃群は「浄土和讃」と題される三十六首であり、その中には「大《だい》経意《きょうのこころ》」二十二首、「観経意《かんぎょうのこころ》」九首、「弥《み》陀《だ》経意《きょうのこころ》」五首が含まれている。浄土三部経によって阿弥陀仏の徳を讃え、浄土の荘厳を嘆じている。

第三の和讃群は「諸経意弥陀仏和讃」と題される九首で、『法華経』『涅槃経』『華厳経』などの諸経によって阿弥陀仏の徳を讃えている。

第四の和讃群は「現《げん》世《せ》利《り》益《やく》和《わ》讃《さん》」と題される十五首である。『金光明経』の異訳『金光明最勝王経』の文により、念仏行者の利益を讃えている。

現世における念仏者の御利益を説く。この「現世利益和讃」十五首を次に見てみたい。

念仏者の現世の御利益

現世利益和讃　十五首(3)

第一首　災難がなくなり寿命が延びる現世利益

阿《わあ》彌《み》陀《だ》如《にょ》來《らい》來《らい》化《くゑ》して《キタリテアハレミタマフ》

息災延命のためにとて《シチナンヲトヾメイノチヲノベタマフナリ》
『金光明《こむくわうみゃう》』の壽量品《コノジュリャウホムハミダノトキタマヘルナリ》
ときおきたまへるみのりなり

意訳

阿弥陀この世に来たりまし　息災延命のためにとて
金光明経、壽量品　説きてわれらにのこしけり(4)

息災延命はわざわいを取り去り、命を延べること。仏力で災害を消滅し、無事を祈る、延命息災である。

第二首　七難が消滅する現世利益

山家の傳教大師《でんぎょうだいし》は
國土人民《こくどにんみん》をあはれみて
七難消滅《しちなんせうめち》の誦文《しゅもん》には
南无阿彌陀佛《なもあみだぶち》をとなふべし

意訳

比叡山の伝教は　国土と民をあわれみて
七難きゆる誦文にと　南無阿弥陀仏ととなえしむ

七難は『観音経』に説かれている七種の災難、すなわち(一)火難、(二)水難、(三)風難、(四)刃杖難、(五)悪鬼難、(六)枷鎖難（牢獄に囚われる難）、(七)怨賊難。

『薬師経』に説かれるものは、(一)人衆疫疾難、(二)他国侵逼難、(三)自界叛逆難（内乱）、(四)星宿変怪難、(五)日月薄蝕難（日食・月食）、(六)非時風雨難、(七)過時不雨難。

『仁王経』受持品に説かれるものは、(一)日月失度難（太陽や月の異変）、(二)星宿失度難（星の運行の異変）、(三)災火難、(四)雨水難、(五)悪風難、(六)亢陽難（甚だしい日照り）、(七)悪賊難。

『観音経疏』に説かれるものは、(一)火難、(二)水難、(三)羅刹難（悪霊の難）、(四)王難（悪王の暴逆）、(五)鬼難（死霊の難）、(六)枷鎖難、(七)怨賊難。

以上の七種の難を消滅するという。

第三首　三世の重障が皆転じて軽微になる現世利益
一切《ゐちさい》の功徳《くどく》にすぐれたる
南《な》无《も》阿《あ》彌《み》陀《だ》佛《ぶち》をとなふれば

三世の重鄣《オモキツミナリ》みなながら
かならず轉《てん》じて輕微《きやうみ》なり《カロクナシスクナクナスウスクナス》

意訳

すべての功徳にまさりたる　南無阿弥陀仏をとなうれば
三世のおもきさわりをも　かならず転じて軽くせむ

三世の重障とは、過去・現在・未来の仏道を修行し悟りを得るのに、重い障りとなるもの。惑障（無明煩悩）、業障（十悪五逆）、報障（三途八難）の重罪・重き罪。

業障は十悪業と五逆罪であり、十悪は、殺生（生きものの生命を奪うこと）、偸盗（盗み）、邪淫（性の欲望に関する邪な行動）、妄語（偽り・虚言）、綺語（ざれごと）、悪口（粗暴な言葉で罵ること。中傷）、両舌（二枚舌）、貪欲（自己の欲するものを貪り求める。度を超えて欲が深い。欲張り、貪り、渇愛のことで、苦の根本原因）、瞋恚《しんに》（怒り憎むこと。自分の心に違うものを怒り怨む。腹立ち、憎悪、三毒と言われ、心身を熱悩せしめ諸悪行を起こさせる）、愚痴（愚かなこと。真理に関する無知。心が暗くて一切の道理に通じる智慧に欠け、それが誤った行いの原因となる。ものわかりが悪い。物事に的確な判断を下せない。ものの道理をわきまえず、目前の現象にのみ惑わされて真実を知り得ないこと。煩悩の根本である）。

報障（三途八難）は、悪業の果報として正道をふみはずす。過去の業、煩悩の障りが報いて、現在に正しく掛る障りである。

三途八難とは、悪業の結果として人々が行かねばならない所。悪い報いとして堕ちた、苦しみに苛まれる火途（地獄）刃途（餓鬼）血途（畜生）の三つ。

八難（八難処）とは、仏を見ず仏法を聞くことができない境界が八種ある。（一）地獄、（二）餓鬼、（三）畜生（以上は苦痛が激しいため）、（四）長寿天（長寿を楽しんで求道心が起こらない）、（五）辺地（ここは楽しみが多すぎる）、（六）盲聾瘖瘂（感覚器官に欠陥があるため）、（七）世智弁聡、世俗智にたけて正理に従わない、（八）仏前仏後（仏が世にましまさぬ時）仏・法と無縁な八種のところである。

第四首　定業・早死が除かれる現世利益

三　流転輪廻の罪消えて

南《な》无《も》阿《あ》彌《み》陀《だ》佛《ぶち》をとなふれば
この世の利益《りやく》きはもなし
流《る》轉《てん》輪《りん》廻《ゑ》のつみきへて

定業中夭のぞこりぬ

意訳

南無阿弥陀仏ととなうれば　現世の利益かぎりなし
輪廻をめぐる罪もさえ　生死の苦果ものぞくべし
（定まった業、若死することからのぞかれる）

流転輪廻は、迷いの世界を生まれ代わり、死に向かって果てしなく、さまよいめぐる輪廻の生存である。六道・四生の間をまどう。

六道は、衆生が意志に基づく生活行為（業）によって生死を繰り返す業によって趣く生存状態、地獄・餓鬼・畜生道・修羅道・人間道・天道である。

四生は、生類をその出生の形態上から四つに分類し、胎生・卵生・湿生・化生と命あるものとその生まれ方の相違によって四つに分類した。

(一)胎生……母胎から生まれるもの。人間・獣。
(二)卵生……卵から生まれるもの。鳥。
(三)湿生……湿気の中から生まれるもの。ぼうふらや虫。じめじめしたところから生まれる。
(四)化生……過去の自分の業によって繰り出された存在、よりどころなしに忽然として生まれたもの、天人や地獄の衆生を言う。

第五首　梵天王・帝釈天が帰敬し、諸天善神が日夜守る現世利益

南无阿彌陀佛をとなふれば
梵王《ぼむわう》・帝釋《たいしやく》歸敬《くゐきやう》す
諸天《しょてん》善神《ぜんじん》こと〴〵く
よるひるつねにまもるなり

意訳

南無阿弥陀仏ととなうれば　梵天・帝釈も敬礼し
諸天善神ことごとく　よるひるつねにまもるなり

梵王は梵天の王のこと。大梵天は仏法の守護神である。帝釈は帝釈天・インドラ神である。ヴェーダ神話における最も有力な神であり、雷の人格神化と考えられる。梵天と共に仏法を守護する神である。

諸天は神々、天上世界に住して仏法を守護する神々天人たちである。諸天善神などは仏法を守護する神々であろう。その神々が夜昼常に念仏者を守ると説かれている。

第六首　四天王が日夜守り、悪鬼を近づけない現世利益

南无阿彌陀佛をとなふれば
四《し》天《てん》大《だい》王《わう》もろともに
よるひるつねにまもりつゝ
よろづの悪鬼《あくくゐ》《アシキオニナリ》をちかづけず

意訳

南無阿弥陀仏ととなうれば　四天の王もことごとく
昼夜をわかずまもりいて　よろずの悪鬼をちかづけず

四天大王は、四天王と同じである。四天大王、護世四天王とも言われ、須弥山の中腹にある四天王の主である。帝釈天に仕え、仏法の守護を念願とし、仏法に帰依する人々を守護する護法神である。東方の持国天、南方の増長天、西方の広目天、北方の多聞天（毘沙門天）を言い、それぞれ東方、南方、西方、北方を守護する。

悪鬼は邪悪な心を有する悪い性質の鬼神、地獄で罪人を苦しめる鬼である。

第七首　堅牢地祇が尊敬し日夜守る現世利益

南无阿彌陀佛をとなふれば
堅牢地祇《けんらうちぎ》は尊敬《そんきやう》す
かげとかたちのごとくにて
よるひるつねにまもるなり

意訳

南無阿弥陀仏ととなうれば　地にある神もうやまいて
影のかたちにそうごとく　よるひるつねにまもるなり

堅牢地祇、堅牢地神《ぢじん》、大地の神、地の神である。この神は大地を堅固に保つ。常に教えが流布するところに赴いて、法座の下にあって敬い守る。もとは女神である。

第八首　難陀《なんだ》・跋難大龍等《ばちなんだいりうとう》無数の龍神が尊敬し日夜守る現世利益

南无阿彌陀佛をとなふれば
難陀・跋難大龍等
无量《むりやう》の龍神尊敬《りうじんそんきやう》し
よるひるつねにまもるなり

意訳

南無阿弥陀仏ととなうれば　難陀・跋難陀の龍王も
数かぎりなき龍神も　よるひるつねにまもるなり

難陀は龍の一種である。釈尊の異母弟として経典『阿弥陀経』に登場する難陀ではない。大龍は大きな蛇王、すばらしい方という原義である。龍神は海や川に住る巨陀の類、龍である。インドの原住民の蛇神崇拝が仏教にとりいれられている。

第九首　炎魔法王が尊敬し、五道の冥官が日夜守る現世利益

南无阿彌陀佛をとなふれば
炎《えん》魔《ま》法《ほう》王《わう》尊《そん》敬《きやう》す
五道の冥官みなともに
よるひるつねにまもるなり

意訳

南無阿弥陀仏ととなうれば　閻魔大王もうやまいて
冥途のつかさをひき具して　昼夜わかたずまもるなり

炎魔法王、閻魔は地獄にいる裁判官である。死後の世界の支配者で、亡者を裁く地獄の

主である。

冥界の王は、十八の将官と八万の獄卒を従えて死者を裁く。地獄に堕ちた人間の生前の善悪を裁く法廷、閻魔の廳庭がある。炎魔法王は閻魔王とも双王とも言われる。

五道の冥官。五道（五趣）は、地獄・餓鬼・畜生・人・天の五道。これに修羅道を加えると六道である。五つの生存の在り方、境涯であり、五つの迷いの世界としてのこの世である。

地獄にあって五道の衆生の罪を裁く冥官に、閻魔王の臣下である五道大臣がいる。

五道は、輪廻の世界である。われわれの現実生活における功罪によって、趣き、生すべき五つの存在領域であり、五つの生存の在り方である。
(一)地獄……現世に悪業をなした者が罪業の結果として報われる生存状態であり牢獄である。筆舌に尽くせない苦しみを受ける。
(二)餓鬼……この世界の有情、人々は常に飢餓に苦しむ。
(三)畜生……人に畜養される。性格が愚癡で貪欲、婬欲だけをもち、父母・兄弟の別なく害し合う、楽の少ない生きもの、殺生して平気、世間に快楽を求める。
(四)人……人間界、人間の世界、人間としての存在、生存状態、人間である。三宝を敬い精進した者は富貴に生まれ、不実な者は貧しく生まれる。

(五)天……天上界。天の神々の世界である。
冥官は、冥上の役人・官僚である。地獄の閻魔庁の役人を言う。

第十首　他化天の大魔王が守る現世利益

南无阿彌陀佛をとなふれば
他化天《たくゑてん》の大魔王
釋迦牟尼佛《しゃかむにぶち》のみまへにて
まもらんとこそちかひしか

意訳

南無阿弥陀仏ととなうれば　他化自在天の魔王すら
釈迦牟尼仏のみまえにて　まもらんとこそ誓いけれ

他化自在天とは、他化天・第六天をいう。この天に生まれたものは、他の天の化作した欲望の対象（欲境）を自在に受用して楽をうける。欲界天の最高の場所である。他化自在天の主を大魔王という。

第十一首　天神地祇《てんじんちぎ》・善鬼神《ぜんくゐじん》が守る現世利益

天神地祇はこと〴〵く
　善鬼神となづけたり
　これらの善神《ぜんじん》みなともに
　念佛《ねんぶち》のひとをまもるなり

意訳

天神地祇はことごとく　よき神々にましませば
念仏となうる人々を　きたりて護りたもうなり

天神地祇とは、天の神、梵天・帝釈と地の神。堅牢地神・八大龍王等、天地間のすべての神々を言う。梵天はインドのブラフマン（梵）。万有の根源、宇宙の創造者を神格化したもので、帝釈天と並んで護法神である。

堅牢地神は大地の神。大地を堅固に保つ。常に教えが流布するところに赴いて、法座の下にあって敬い守る。

八大龍王は護法の善神とされる八つの龍王。(一)難陀《なんだ》、(二)跋難陀《ばつなんだ》、(三)娑伽羅《しゃから》（海龍王）、(四)和修吉《わしゅきつ》（九頭龍）、(五)徳叉迦《とくしゃか》（視毒）、(六)阿那婆達多《あなばだった》（無熱）、(七)摩那斯《まなす》（大力慈心）、(八)優鉢羅《うばら》（青蓮華）、である。

第十二首　天地に満ちている悪鬼神が恐れる

願力《ぐわんりき》不思議の信心《しんじむ》は
大菩提心《だいぼたいしむ》なりければ
天地にみてる悪鬼神《あくくゐじん》
みなことぐ〱くおそるなり

意訳

願力不思議の信心は　菩提を求める心にて
天地のあしき神々も　みなことごとく恐るなり

悪鬼神とは、衆生を悩ます夜叉、羅刹など、仏道の障りとなる妖精をいう。

夜叉は、毘沙門天の眷族として北方を守護する。羅刹と共に八部鬼衆の一つとされ、人を傷害して食らう悪鬼とされ、人食い鬼である。夜叉は悪人を食い善人を食べぬ。むしろ善人を守護すると考えた。

夜叉、羅刹は、悪鬼の総名である。羅刹は悪鬼の一種で、通力により人を魅しまた食う恐ろしい鬼である。空中を飛行して人の血肉を食う。後には仏教の守護神となる。

第十三首　観音・勢至、無数の菩薩が影のように身に添う現世利益

南无阿彌陀佛をとなふれば
観音《くわんおむ》・勢至《せいし》はもろともに
恒沙塵數《ごうじゃじんじゅ》の菩薩と
かげのごとくに身にそへり

意訳

南無阿弥陀仏ととなうれば　観音・勢至をはじめとし
数かぎりなき菩薩たち　かげのかたちにそうごとし

第十四首　無数の阿弥陀仏・化仏が守る現世利益

无碍光佛《むげんくわうぶち》のひかりには
无數《むしゅ》の阿彌陀《わあみだ》ましくて
化佛《くゑぶち》おのくことくく
真實信心《しんじちしんじむ》をまもるなり

意訳

阿弥陀の無礙の光には　無数の化仏をやどしまし

それぞれ無量の光もて　信心のひとをまもるなり

化仏とは、衆生の性質や能力に応じて、仮に神通力で種々の姿を現わした仏の身体。仏・如来が衆生を済度するために、別の姿に現れた変化身である。真仏に対して化仏は、それぞれの信仰に応じて、衆生の願いに応じて、それぞれの救いの相をもって現れる仏である。

第十五首　十方無量の諸仏が百重・千重に囲んで守る現世利益

南无阿彌陀佛《なもあみだぶち》をとなふれば
十方无量《じうぽうむりやう》の諸佛《しよぶち》は
百重千重圍繞《ひやくぢうせんぢうえねう》して
よろこびまもりたまふなり

意訳

南無阿弥陀仏ととなうれば　数かぎりなき仏たち
百重《ももえ》に千重《ちえ》にとりまきて　よろこび守りたもうなり

已上　現世利益

注

（1）松野純孝『親鸞――その行動と思想』評論社、一九七一年、二七二頁。
（2）中村元『広説仏教大辞典』上・中・下巻、東京書籍、二〇〇一年。
（3）『真宗聖教全書』二宗祖部、四九七～四九九頁。
（4）増谷文雄編『日本の仏教思想　親鸞』筑摩書房、一九八五年、一一九～一二五頁。

親鸞聖人晩年の宗教的境遇

親鸞聖人は三十五歳、法然上人は七十五歳の時、承元《じょうげん》の法難（一二〇七年）が起き、法然上人は四国へ、親鸞聖人は越後（新潟県上越市）に流罪となった。

雪深き越後にて建暦元（一二一一）年、三十九歳の十一月十七日、流罪勅免があり、三月三日息男明信誕生もあり、さらに二年越後に滞在することになる。四十二歳の時関東に向かい、常陸《ひたち》（茨城県）下妻に住んだと言われる。

十年の歳月を経て、五十二歳の時『教行信証』（漢文）を常陸の稲田で完成したが、この年、末女の覚信尼が誕生している。折々に推敲の手を入れての最初の著述『教行信証』であった。

旧仏教の『摧邪輪《ざいじゃりん》』（誤った説法を打ち破る）栂尾《とかのお》の明恵《みょうえ》上人の法然『選択集《せんじゃくしゅう》』砕破を知って、専修《せんじゅ》念仏の教えの論拠を示す弟子親鸞の理論的な著述であったと大著は位置づけられるであろう。

六十歳を過ぎて聖人は京都にお帰りになる。

関東滞在の期間は、教化活動を行った期間と言われるが、弟、尋有僧都《じんゆうそうず》の寺に身を寄せて九十歳で亡くなるまで著作に没頭し、京都で晩年の日々をお過ごしになったのである。

親鸞聖人には、生涯にわたっていくつかの名前があることはよく知られている。この親鸞という名前には重要な意味があろう。

一一八一年、慈円《じえん》に師事し出家し「範宴《はんえん》」と名乗り、その後二十年間比叡山において不断念仏を修する堂僧として修学に努めるが、一二〇一年に六角堂に参籠し、聖徳太子の示現の文を感得し吉水《よしみず》の法然上人を尋ね、その門に入り専修念仏に帰依《きえ》する。

一二〇四年法然上人が起草した『七箇条制誡』には「僧綽空《しゃくくう》」との署名がある。僧綽空としての聖人である。

一二〇五年法然上人より『選択集』を付属され、その肖像の図画が許されるなど吉水の専修念仏教団で認知され、この頃に「善信」と改名している。

そして一二〇七年承元の法難（弾圧事件）に連座して越後流罪となり「藤井善信」俗名にて配流せられている。

『教行信証』後序には非僧非俗「僧にあらず俗にあらず。この故に禿《とく》の字をもって姓となす」とあり、越後では「愚禿」と称していた。主著『教行信証』序にも「愚禿釈の親鸞」と自らを称しているのである。つまり法然門下に帰入した初期は「綽空」（綽は道綽《どうしゃく》の綽、空は源空の空であろうか）、次の善信は善導の善、信は源信の信、著名な親鸞という名前は、流罪の後に選びとった名前であるが、世親《せしん》の「親」、曇鸞《どんらん》の「鸞」である。この名は最高の論師の精神的影響が一番深かったのではないかと言われている。

師法然上人すら御存知なかった親鸞という名前とも語られる。愚禿親鸞作の三帖和讃《さんじょうわさん》（「浄土和讃」「高僧和讃」「正像末和讃」）は、三百五十余首ある。

和讃は、和は「やわらげ」、讃は「ほめたたえる」、すなわち仏さまの徳をほめたたえる高僧方の徳をほめたたえるという意味であるが、要は仏に対する帰依の表白《ひょうびゃく》である。

和讃は、七五調の宗教詩であろう。

三帖和讃のうち「浄土和讃」と「高僧和讃」の二つは、七十六歳京都に帰り十数年の後であり八十三歳のころまで手をお入れになって完成度を深めている。

「正像末和讃」は、八十五歳の撰述である。

三帖目は、八十五歳で書き始められ、翌年八十六歳で終わっているであろう。

和讃は声明集にもあるが仮名まじり文の七五調の四行が基本形になっている。私たちには日頃『正信偈《しょうしんげ》』のあとに和讃を付し聖教《しょうぎょう》を読経することが日々行われる。

末法の世を悲歎し僧侶の堕落を歎くものも多いが、親鸞聖人は和讃、蓮如上人は御文とも言える膨大な量の和讃があろう。三帖和讃の「浄土」「高僧」の二和讃は宝治二（一二四八）年に脱稿、「正像末《しょうぞうまつ》和讃」は正嘉元（一二五七）年または建長七（一二五五）年、八十六歳で完成したとも言われている。

ちなみに「浄土和讃」は次の二首が冒頭にある。

弥陀の名号となへつゝ　信心まことにうるひとは
憶念の心つねにして　仏恩報ずるおもひあり

誓願不思議をうたがひて　御名を称する往生は
宮殿のうちに五百歳　むなしくすぐとぞときたまふ

そして「讃阿弥陀仏偈」曰《いわ》く曇鸞御造《ごぞう》、曇鸞著作から翻案された「讃阿弥陀仏偈和讃」四十八首に二首和讃が加えられて五十首が愚禿親鸞作として四行七五調にまとめられている。

「浄土和讃」は総計百十六首である

「無量寿経のこころ」二十二首、「観無量寿経のこころ」九首、「阿弥陀経のこころ」五首の三部経のこころが三十六首、「諸経のこころによる和讃」九首、「現世利益和讃」十五首、「大勢至菩薩和讃」が八首となっている

「高僧和讃」は、親鸞が七高僧として尊崇する龍樹《りゅうじゅ》・天親《てんじん》（世親）・曇鸞《どんらん》・道綽《どうしゃく》・善導《ぜんどう》・源信・源空（法然）を系譜的に謳いあげている。

龍樹・天親は各十首ずつ曇鸞三十四首、道綽七首、善導二十六首、源信十首、源空二十

首、計百十七首であり、親鸞が最も力量をそそいでいるのは、曇鸞三十四首であろう。「正像末和讃」(「正像末浄土和讃」)は、愚禿善信集《ぐとくぜんしんあつむ》五十八首、それに二十三首、仏不思議の弥陀の御ちかひをうたがふつみとがをしらせんとあらはせるなり、合計八十二首となっている。

愚禿善信作皇太子聖徳和讃十六首

これは愚禿がかなしみなげきにして述懐としたり、この世の本寺本山のいみじき僧とまふすも法師とまふすも、うきことなり。

「釋親鸞書之《しゃくのしんらんこれをかく》」とある。

さらに蓮如編の獲の字は……に始まる自然法爾《じねんほうに》章が、親鸞八十八歳御筆に加えられていて「正像末和讃」が最も深みをもつ和讃となっている末世の世の悲しみ「正像の二時はおわりにき、如来の遺弟悲泣《ゆいていひきゅう》せよ」や「愚禿悲歎述懐」および、法然や親鸞を流罪に追いやった聖道門の堕落や迷信を歎いている。『教行信証』の漢文の難解さを思う時、親鸞聖人が誰にでもとなえやすく理解しやすい形で真宗の教理を平明に述べられたことは、親鸞教学が二種廻向《にしゅえこう》、往相《おうそう》廻向と還相《げんそう》廻向の構造をもっていることが知られる。

しかし往相、還相廻向は親鸞の創作ではないのである。曇鸞の『浄土論註』に、廻向は二種の相あり。一は往相二は還相なり。往相はおのれの功徳をもって一切衆生に廻施《えせ》す。作願《さがん》し、ともに阿弥陀如来の安楽浄土に往生す

とある。

親鸞の往相廻向論は『教行信証』の教巻に、「つつしんで浄土真宗を按ずるに二種の廻向あり。ひとつには往相ふたつには還相なり」とあり、行巻に大行、信巻に大信について述べられている。

他には「如来二種廻向文」や「入出二門偈頌《にゅうしゅつにもんげじゅ》」にも論じられている。

往相廻向とは、阿弥陀仏の本願を信じ念仏者が浄土に生ずる形、つまり浄土へ往く道一人の人が浄土へ赴く道程『観無量寿経』のこころを語っている。

還相廻向は、念仏者が浄土に生じ、再び現世へかえって衆生を教化する。つまり浄土へ往くことが宗教の最終目的ではなく救われた人が娑婆に戻り、苦しみ悩む衆生人々を救いとげる自分が救われる（往く道）も大切であるが自他共に救われること（還る道）も大切、『大無量寿経』のこころが重要というわけである。

流罪までは法然上人の『観無量寿経』偏依善導《へんねぜんどう》の境遇にいたが、次第に往って還る還相廻向利他教化、活動利他の境遇に入り、往還二廻向が、阿弥陀仏の大慈悲による廻向の働きであると聖人は、曇鸞の精神を身にしみて感じることになる。

「高僧和讃」曇鸞讃には、

弥陀の回向成就して　往相還相ふたつなり
これらの回向によりてこそ　心行ともにえしむなれ（三十四）

往相回向とときことは　弥陀方便ときいたり
悲願の信行えしむれば　生死すなはち涅槃なり（三十五）

還相の回向とときことは　利他教化の果をえしめ
すなはち諸有（もろもろの悩み）に回入して　普賢の徳を修するなり（三十六）

とある。

親鸞聖人の和讃というは、還相廻向論すなわち、心傷ついた絶望的な語ることとさえつらい気持ちをもつ苦悩する人々の癒し、励ましとしてのその人の精神に対する治療的効果、そういう苦難を乗り越えさせる役割を果たす宗教詩と考えられ、その意味で七五調の和讃を臨床の視座による廻向論と考えてよいのではなかろうか。

沈んだ心を励まし生きる意欲を失った人に生きる意欲を回復させ苦を楽に転ずる効果、そのような仏さまの力の働き、本願力の慈悲救済力が和讃にはあるのではなかろうか。

生死の世界にて自在に生きとし生けるものをすくう他力による救済である。

医療、保健、宗教、教育などのサービス業は、皆人々のための利他行でありたい。

自分にとっての自分のための自己利益優先ではなく、利他、人々のためにという還相廻向の宗教的境地に住しての和讃ではなかろうか。

死の臨床と自然法爾《じねんほうに》思想

親鸞聖人八十八歳の御筆『正像末和讃《しょうぞうまつわさん》』の末尾「愚禿悲歎述懐《ぐとくひたんじゅつかい》」に付記せられた「自然法爾章」がある。九十歳で往生という生涯、死の二年前の著述である。最も深い宗教的境遇が吐露されていると考えられている。

『正像末和讃』自然法爾章親鸞八十八歳御筆。その文章は、

自然といふは自はおのづからといふ、行者のはからひにあらず、しからしむといふことばなり。然といふはしからしむといふことば、行者のはからひにあらず。如来のちかひにてあるがゆゑに。法爾といふは如来の御ちかひなるがゆゑにしからしむを法爾といふ。この法爾は御ちかひなりけるゆゑに、すべて行者のはからひなきをもちて、このゆゑに他力には義なきを義としるべきなり。

自然といふは、もとよりしからしむるといふことばなり。彌陀佛の御ちかひの、もとより行者のはからひにあらずして、南无阿彌陀佛とたのませたまひて、むかへんとはからはせたまひたるによりて、行者のよからんとも、あしからんともおもはぬを、自然とはまうすぞときゝてさふらふ。

ちかひのやうは无上佛にならしめんとちかひたまへるなり、無上佛とまふすはかたち

もなくまします、かたちもましまさぬゆゑに自然とはまふすなり、かたちましますとしめすときは無上涅槃とはまふさず、かたちもましまさぬやうをしらせんとて、はじめに彌陀佛とぞきゝならひてさふらふ。彌陀佛は自然のやうをしらせんれうなり、この道理をこころえつるのちには、この自然のことはつねにさたすべきにはあらざるなり。つねに自然をさたせば、義なきを義とすいふことはなほ義のあるべし。これは佛智の不思議にてあるなり。

よしあしの文字をもしらぬひとはみな
　まことのこころなりけるを
　善悪の字しりがほは
　おほそらごとのかたちなり
是非しらず邪正もわかぬ
　このみなり
　小慈小慈もなけれども
　名利に大師をこのむなり

己上[1]

自然は「しぜん」と通常読むが、仏教読みは「じねん」と読む。しぜんを意味する。

人間の意志の力によって防ぎ止めることのできない止め難いなりゆき、みずから、ひとりで、おのずからを意味する。物事の本性、羅什《らじゅう》は「実相印《じっそういん》」という。真実の姿そのまま、それ自身の在り方である。

自然の理法、その自然とは、そのものとして自らそうなっていることであり、法爾とは真理そのものにのっとってその如くであること、他から何等かの人為的な力を加えることなくおのずからの姿のまま、そのままである。信仰的に言えば、自力のはからいを捨てて仏の手にすべてを委せきることを自然法爾といい、阿弥陀仏という絶対の中に身を投ずることである。

自力のはからい、それは自分自身の力、自ら習得した功徳力、自己の智解、分別、言ってみれば、自分自身の修行の力、自らの悟りの力である。努力も経験も自分の考えもある。人間は、この自力の計らいが、心身を悩ますのである。「自力のはからいを捨てること」と、親鸞聖人は言う。

人間は自分の人生経験や知見に執し、なかなか自分の考えを捨てることができない。自見に執する。だから、たわいのないことに悩む。九十歳までの長寿をさせてもらって、来迎を納得できるかというと、九十歳になっても、なかなかもう死んでもいいという気持ちにはなれない。人間は生きたいと生に執着する。この年になっても人生を達感できず、迷いが生ずる。それが正直な「生への執着」の告白であろう。自力のはからいは根深いのである。

ここに現われた聖人の宗教経験は、「内界の自然」「精神界の自然」の美しき荘厳であり、絶対の妙相である。浄土教信者がよく口にする「そのままでお助け」「このままでお浄土参りをさせていただく」などの信仰体験の究竟が、自然法爾章に現われているのである。

既に一言したように、ここに言う自然とは、外界の自然現象ではなく、海、山川、野を指すのではない。人間のはからい、技巧、技術、分別と言ったような、我見をまったくぬぐい取った、天真爛漫な純真さが自然である。さらにこれを信仰的に深めて行けば、雑行雑修としての自力のはからい、自力の念仏、自力の信仰をまったく捨て去って、如来からの他力の念仏、廻向の信心、他力の本願を有り難く頂戴して、阿弥陀仏の光明と慈悲の中に生かされて生きる体験こそ、自然法爾である。自然とは「すなおさ」であり、「ありのまま」であって、人工や人ための「加減」されない自然本来の面目であり、事物さながらの真景である。

「自然とはもとよりしからしむる」と述べられている。人間の力でそうなっているのではなく、もともと本来からあるすがたのままである。仏になる準備、往生させていただく一切の条件が如来の願いであり本願であって、決して凡夫のはからいではない、これが自然である。こうしたら仏になれる、ああしたらお浄土に参られる、これでよかろう、それではいかんと、自力心を中心とした善悪のはからいを捨てたのが自然であり、他力である。以上は主として「信仰の自然」を教えているが、さらに自然法爾章では、「如来の自然」を教えている。(2)

生老病死の人生、生死の人生、生と死は一体である。老若男女、老少不定、人生の終焉は予測できない。生身の人間、その人間が死を迎えることはこの世に生まれた時からの約束であり、死を終焉とするのが、生命であり、それは自然の摂理である。

誰一人として止められぬ川の流れの如くの人生航路である。死にたくない。金銀財宝を与えるから助けてほしいと生に執着し、自力のはからいを加えてみてもどうにもならぬ。

善悪のはからいを捨てて、自然の摂理、法則にまかす。委ねるありのままの姿が「自然法爾」であろう。自力無効の本願力に乗托する念仏信仰である。

注

(1)『真宗聖教全書』二宗祖部、大八木興文堂、一九四一年、五三〇～五三一頁。

(2) 岡邦俊『親鸞聖人の宗教』大東亜公論社、一九四三年、一九六～一九七頁。

因果応報の法則

この世には、因果の道理、因果応報の道理があり、人間を外から支配していく厳然たる力が存在する。

人間は、その原理の中で生きていかねばならないであろう。

因果の理は、行為における因果関係であり、それが因果応報の理法である。

すべてのものを因果の法則が支配し、善因には善果、悪因には悪果が必ずあるという法則、存在関係である。

因果の因とは、原因となっているもの、たね、である。

果は、結果であり、過去の行いの結果として現れ出たもの、報いである。原因と結果の関係である。

因に対して縁を立て、因縁ということがあるが、因は、結果を生ぜしめる内的な直接原因、縁は外からそれを助ける間接原因であり、例えば果として稲が生ずる種子が因であるのに対して、地や水は縁である。

原因があれば必ず結果があり、結果があれば必ず原因があるという因果の理、あらゆるものは因果の法則によって生滅変化する。

善悪の行為には、必ずその報いがあるという道理、因果関係を明らかにする、納得させることを「因果をふくめる」と言い、あの無明（無知）の方に因果をふくめて下さいという意味合いを持っている。

宇宙自然は、因果の法則により成り立っている。

「桃栗三年柿八年」、芽生えの時から、桃と栗は三年、柿は八年経てば実を結ぶというのも自然の法則である。世の中は、目に見えない因果応報の法則が支配していて、ままにならぬのである。

人間を支配しているから、このことをまずよく知る必要があろう。

悪いことをすれば悪い報いがある、いいことをすればいい報いがある。これが因果応報の論理である。

ところが悪いことをしているのに悪い報いがこなくて、かえって富貴に栄えているものがいる。とすればそれはどういうことなのであろうか。

富貴に栄えている人を見て羨ましく思う、妬ましく思う人がいるのは世の常であり、その人たちは悪いことをして繁栄しているのではと、豊かでない自分の生活の場からいろいろ勘ぐる。勝手に気をまわして考えたり、わざと悪いように僻んで推量する。この勘ぐりは、悪意に満ちている場合が多いが、悪いことをして繁栄している「悪の華」をどう考えたらよいか。これはどうしてなんだ。因果応報は善因楽果のはずである。悪因楽果になるとは何ぞやという疑問があろう。

あるいは善人であり善行を盛んに積んではいるけれども貧困に苦しんでいる人がいる。とすればこれはどういうことなのであろうか。

因果応報が正しく機能しているのなら問題ないが、一生懸命やっているのにいっこう良くならない。何もせぬ者が富貴に栄えているのはおかしいではないか。

その答えは、それは前世の因縁である。

前の世の因縁が現世に影響を与えている。

後世、未来や死後に転移する。こういう過去・現在・未来の三つの世、三つの時間的区分が繋がっている。

過ぎ去ったもの、過去に生起したもの現在と、未だ来ないもの、未来、過現未、已今当が変化する変遷の過程の上に繋がっているのではないか。

私たちは、自分の現在、一生涯、現世のみでものごとを考えがちであるが、自分が世に生まれ出る以前の生涯、前世があり、その影響が因（たね）が果（結果）を導いていないか、死後の生涯、来世への影響はどうなのであろうか。

三世因果と言い、過去・現在・未来の三世に亘って因果の連鎖が存在する。

ダルマ（法）の本体は、三世を通じて実在するという三世実有という考え方である。

悪人であっても先祖の善根が残っている。だから富貴となる。

善人であっても先祖の悪因が原因となって貧乏なんだと、因果応報は現世だけでなく、過去・現在・未来の三世に亘る。

現在は、悪いかもしれない。しかし来世は、悪いとは限らない。

いくら修行をしても福を得ない人がいる。

それはなぜか。それは生まれつきの福分の薄きゆえか、または先祖供養の余殃《よおう》か。

巡礼修行する者は、災難を免れるはずなのに、巡礼者が災難に遭うのはなぜか。

一年間の交通安全をお寺に祈願に行き、帰路交通事故に遭遇し死亡したり大怪我をするのはなぜか。

お賽銭が足りなかったのか、祈願力が足りなかったのか。

世の中は目に見えない因果応報の法則によって支配されていて、思うようにならぬ、ままならぬ。

人間は、日々業を積み重ねていく。

業は働きをなし、作用する。人間のなす行為や振る舞い動作は、普通、身・口・意の三業あるとされている。身体の動作、口で言う言葉、心に意思する考えのすべて、意志・動作・言動の働きのすべてが潜在的な余力・業力となって後になんらかの報いを招く。

そのように業の本来の意味は、単なる行為という因果関係と結合して前々から働く一種の力、つまり一つの行為は必ず善悪苦楽の果報をもたらすという。

業による輪廻思想の誕生であり、業が前世から来世まで繋がり、引き伸ばされて考えられ、個人の業は不共業、社会的広がりを持つ業も思想された。

前世に作った業は宿業として、悪業は、罪であり、浄土に生まれる原因となる行業、未来に向かっての人間の努力の大切さも強調されている。

そのような人間的な活動を業として的を絞ったのである。

親の光は七光、親の威光が偉大であり、親の地位・財産などによって出世すること、親の七光もあろう。

親の因果が子に報う、親のした悪業の結果が子に及び、罪もないのに子が苦しむこともあろう。すべて前世の因縁であろう。

七仏通戒偈が示す通り、「もろもろの悪をなすことなく、もろもろの善をなして、心を浄くせよ。これが諸仏の教えである」。悪をせず、善をなして心を浄くする。ここに仏教の教えが存在することを心得て生活することであろう。

仏罰が当たるとすれば、それも自業自得の報いであり、因果応報と考えねばならぬであろう。

聖人の宗教的実存

三願転入《さんがんてんにゅう》の哲学

親鸞聖人の真実の信仰の確立に至るいわゆる廻心《えしん》は、真実に向かって心が転換する心の軌跡でもある。

聖人は、山をいでて百日間六角堂に籠もり宗教的救済を祈る。自らの比叡山の二十年間の学問と修行によって叡山の修行生活では自分は救済されないことを深く自覚した。

六角堂に籠もり九十五日目に聖徳太子の示現にあずかり、法然上人の草庵を訪ね、遂に善悪貴賤《ぜんまくきせん》の差別のない一筋の生死いずべき道を説く法然上人の教えをしっかり受け止めて迷いから離れたのである。

比叡山を下り法然を訪ねた時が十九願の段階から二十願への展開であり、さらに百ヶ日法然のもとを訪れ終《つい》に安心《あんじん》を得る時が二十願から十八願への転入であり、転入とは方向を転じて真実なるものの世界に入ること、真実の世界に摂取《せっしゅ》、おさめとることを意味する。

この三願の通り順次信仰心を確立し純粋他力の信仰を確立したことが『教行信証』化身

土巻に記されている。

つまり雙樹林下往生《そうじゅりんげおうじょう》→難思《なんし》往生→難思議往生《なんしぎおうじょう》の宗教体験である。

これらは万行諸善《まんぎょうしょぜん》の十九願、善本徳本《ぜんぽんとくほん》の二十願、選択《せんじゃく》の願海《がんかい》を誓った第十八願への三願転入と言われている。いわゆる信仰の論理という解釈である。

これを親鸞は『教行信証』化身土巻（『顕浄土方便化身土文類六』）に、

> ここをもつて愚禿釈《ぐとくしゃく》の鸞《らん》、論主《ろんしゅ》の解義《げぎ》を仰ぎ、宗師《しゅうし》の勧化《かんげ》によりて、久しく万行《まんぎょう》諸善《しょぜん》の仮門《けもん》を出でて、永く雙樹林下《そうじゅりんげ》の往生を離る。善本徳本の真門に回入《えにゅう》して、ひとへに難思往生の心を発《ほっ》しき。しかるに、いまことに方便の真門《しんもん》を出でて、選択の願《がん》海《かい》に転入せり。すみやかに難思往生の心を離れて、難思議往生を遂げんと欲す。果遂《かすい》の誓《ちかひ》（第二十願）、まことに由あるかな。ここに久しく願海に入りて、深く仏恩を知れり。

と記している。

三願転入は真実信仰確立に至る廻心（真実に向かって心が転換すること）の軌跡、すなわち、罪悪深重《じんちゅう》、煩悩具足の者を覚醒させ真如の世界へと苦悩なき浄土へ導いていく人間実存の必然的発展の階梯《かいてい》を三段階に三種の往生ありとすることである。三往生とは、

(一)雙樹林下往生……釈尊が沙羅双樹《さらそうじゅ》の林の下で入滅したのにちなんで第十九願の行者が方便化土《ほうべんけど》(諸人を教え導く巧みな手段、巧みに工夫して人々を導く智慧の力による)往生である。

(二)難思往生……難思の往生である。浄土に往生して受ける楽しみは思議しがたい程無量である。自力念仏の恩によって疑城胎宮に往生する真門自力の往生をさす。第二十願に誓う『阿弥陀経』に説く往生である。

(三)難思議往生……他力廻向の信心により阿弥陀仏の真実報土に往生できるのは凡夫の言説思慮の及ぶところでないので難思議と言う。『無量寿経』の第十八願に誓う往生である。すみやかに本願成就の報土に至る真土往生である。

それぞれ(一)要門、邪定聚、(二)真門、不定聚、(三)弘願、正定聚と名づけ、仏願の第十九願、第二十願、第十八願に対応し、浄土三部経では『観無量寿経』『阿弥陀経』『大無量寿経』に対応する。

要門は、浄土へ導くための肝要な教えの入口という意味であり、真門は、名号の真実を明らかにしていく弘願に導く手立てとする法門という意味であり、自力によって浄土往生しようとする。だから真実とは言わず、真門と言う。

弘願とは、弥陀の本願による念仏往生の道を言う。そこが到達点であるから門の字はない。

第十九願『観経往生』は「臨終現前《げんぜん》の願」「来迎引接《らいごういんせつ》の願」とも言われ、聖人は已証《いしょう》の願名として「至心発願《ししんほつがん》の願」「修諸功徳《しゅうしょくどく》の願」としている。

臨終の時に臨んで死の不安をばねにして人は、生死克服の道を歩むことになる。

定善《じょうぜん》、心を統一して行う善、浄土に生まれるための善い行い、心を凝らして雑念を払い行う善事である。

散善《さんぜん》、散り乱れた平常の心のままで悪をやめて行う善事であり、凡夫が散乱の心でなす行である。

浄土に生まれるための善、定善・散善を修する倫理的努力の人である。

しかしこの努力は自分にとってそれが不可能であるという自覚、絶望に陥らざるを得ず、絶望した人は仏の導きにより第二十願に出会う。ただ念仏の領域へ転入してゆく。弥陀廻向の称名念仏に出会う。

『阿弥陀経』は「執持名号《しゅうじみょうごう》」（執は心が堅牢にしてふらつかず移転しないこと。持は散失しないこと）であり、また「一心」とも言われている。自力ではなく仏の願力に乗じてただちにそこに生まれるのである。

親鸞聖人は、叡山で二十年間天台の教義を学び修行を行った。根本中堂《こんぽんちゅうどう》の堂内で常行三昧、不断に念仏を唱えながら周り歩み続ける行を行った。

聖人は叡山に救いが得られず、山を出でて百日間六角堂《ろっかくどう》に籠もって宗教的救済を祈る。六角堂に籠もって九十五日目に聖徳太子の示現にあずかり、法然上人のもとを尋ねる。「降る日にも照るにもいかなる大事にもまいりてありしに」。法然上人の吉水の草庵を訪ねる。そして、法然上人の教えを信知《しんち》し念仏の救いにあずかる。

比叡山を下りて法然上人を訪れる時が第十九願から第二十願への転入であり、百ヶ日師の教えを聴聞し念仏による救済が得られるその時が第二十願から第十八願への転入と考えられよう。「建仁辛《けんにんかのと》の酉《とり》の暦《れき》、雑行《ぞうぎょう》（自力の修行）をすてて本願に帰す」、聖人二十九歳、一二〇一年、純粋他力信仰への廻心があった。そのように真実なるものの世界に入った、宗教的境遇に入った真実性の顕証《けんしょう》の論理、信仰の軌跡が語られる。そこには不動の宗教的信念が存在している。(3)

注

（1）『真宗聖教全書』二 宗祖部、末燈鈔、大八木興文堂、六六三～六六四頁。
（2）『真宗聖教全書』二 宗祖部、七七五頁。
（3）山下秀智『宗教的実存の展開』創言社、二〇〇〇年、一三九～一五〇頁。

報恩謝徳のまごころ

人は自分の利益を中心に物事を考えがちである。無限に欲望を持ち、ヒマラヤを一つ飲みこんでもなお、欲は絶えないとさえ言われ、人間はとても欲深い生きものなのである。まずその人間としての自己自身を知っておく必要があろう。

人の利益、利他を先に考える人生観もあろう。人々が幸せであるように人々の希望や願いが叶えられるよう念ずる、念願成就、利他報恩の心、思いやり、人へのやさしさ、人々の希望を叶えることを優先する。凡人は、自分の利益を優先するが、利他を優先する。利他を優先すると、自分は無利益のように考えがちであるが、他を利することによって自分も恵まれ御利益がある。人々に感謝されて初めてお陰さま、自分の幸せがある。釈尊の弟子に語る毒矢の喩えという物語の通り、毒矢が刺さり倒れている人がいたとしたら、形而上学的問題よりまずその人を救うことが先決である。

救急救命や臨床福祉実践の仕事は、人々の救護が先であり、そこに自分の生活が存在している。このことはとっても大切なことであろう。人間社会に多く見られる現状は、自分の利益を優先し、蛇がとぐろを巻いたようと喩えられる我欲に執らわれた状態である。

私たちが大乗仏教のこころと申しているのは、他を利することを優先とし、老若男女、すべての人を差別なく救済しようとする大きな心、親同然の心であり、その根本には「お陰さまでありがとうございます」。人々に生かされて生きる、感謝報謝の心、御恩報謝の心が存在する。それは、知恩報恩の心、人間として大切な心であろう。

ありがとうと言える人というテーマは「称名報恩《しょうみょうほうおん》」という親鸞精神をやさしく、理解しやすく言い直した信念、つまり人間にとって最も大切な感謝の心をあらわした文言であり、その逆縁は恨《うら》み、嫉《そね》み、怨念《おんねん》である。人間にとっていくつか大切な根本精神があるが、その第一として感謝の心の大切さを諭している。

よく狼に育てられた少年、「狼籍の人間」についてお話しすることがあるが、人間が狼に育てられるとどうなるか、どんな人間に育つか。子供の時、狼にくわえられて山の中に育てられ成長した、インドで発見されたアマラ・カマラ物語の通り、四つ足で歩き、犬のように手を使わず合掌もせず食事をし、そい寝をし、夜中に日を覚ますと、お月さまを見て遠吠えをする人間が育つ。

幼稚園児の三、四歳の年少クラスに「狼さんのように夜中、おめめがさめたらウォーッと遠吠えをする人」と尋ねると、皆が皆、元気よく「ハイ」と手をあげる。「あれっ、みんなは狼さんに育てられてるのね、お父さんお母さんに大切に育てられているのではないのね」と聞きかえすと、何か不思議な顔をし、可愛い表情を見せる。年長さんは、同じ質問に、きょろきょろお友達を見つめ、手を上げてよいのかどうか躊躇している。狼に育てられているのではない、お父さん・お母さん・おじいちゃん・おばあちゃんの愛情の中にすくすくと育てられていることが少しわかり始め、人間の心を形成しつつあるように思える。しかし、人間の中には、お育ていただいた父母の御恩も知らず、感謝の心も持たず、狼籍の人間の大人も大勢いるようである。感謝の心は、まったくない。時として親に対し怨念の心さえもち、父母姉妹を殺害してしまう非常に残酷な獣人間もいる。一人の女性・児童を数人の大学生が襲ったレイプ事件など、まさに狼籍の人間の仕業ではないか。

そのような人間は、人間顔をしながら狼籍の人間である。親を殺戮したり姉妹を殺してしまう報恩謝徳の心、感謝報恩の心がまったくない獣人間も社会には大勢いるであろう。

子供の頃から体も大きく育つ、心も育って青年期へ向かい、その子供時代に「お世話になった人にありがとうと言える子供」という人間としての人生の基礎教育は、最近のような家庭崩壊事件に出くわしてみると、いかに重要であるかということがよくわかるであろう。どんな立派な家に住んでいても家族や父母・祖父母を青年が殺害してしまっては、もぬけの殻になってしまう。

家庭繁栄の根本に、心豊かに子供が育つこと、感謝報恩の真心をもった人が育つことがあろう。そのことは、私たち悩み多き現代人の心を支え、「安心立命」を与えてくださる偉大な日本の思想家・宗教者親鸞は「称名報恩」とその重要性を諭し、今日も人々から崇敬されているのである。

父母のお育ての御恩

人には誰にも父があり、母がある。この世に人としての生を受けることができたのは、父親、母親のお陰であり、誰として父母の存在を否定することは、自己存在の系譜より見ても不可能である。父母のみならず、祖父祖母、祖先のお陰があることは、自然なことなのであろう。

十代さかのぼると御先祖さまは一〇二四人。二十代では一〇四万八五七六人。三十代さかのぼると一〇億七三七四万一八二四人、四十代では一〇兆以上の御先祖さまが存在すると、よく言われる。

昔々のお話は、よく理解できぬとしても、私たちの人生とかかわりのある五十年、百年の血のつながりは誰もが理解できるに違いない。

一生の間、私たちは大勢の人にお世話になる。この世に産声をあげた時から一番身近なところで、お育ての御恩にあずかるのは父母であり、祖父祖母、身内の人たちである。

子供は親の愛情なしには育たず、父母の慈愛の中に身体のみならず、豊かな心も育つ。

人として、この世に誕生しても狼に捕らえられ山に連れ去られ、狼に育てられるとしたならば、言葉は喋ることができず、夜中に遠吠えをし、四つ足で歩き、添い寝をし、犬と同じような食事の食べ方をする狼籍の人間が育つことは、狼に育てられた子供、実際にあったインドの物語が語る通りであろう。

父母に育てられ、心温まる愛情の中にお育ていただき、一人前の人間として世間に貢献もできるのである。

親のありがたさは、若い時にも幾分は感じている人も多いが、本当にありがたく感じられるのは「子をもって知る親の恩」、自分も子供を育ててみて、親の子育ての大変さや子供が風邪をひいても心配する親心も理解でき、お育ていただいたありがたさが理屈でなく感知できる。「親孝行したい時には親はなし」との格言も残っているであろう。

親孝行ができぬとて、親のお育ての御恩は、知恩といい、報恩と言って、親孝行な人、親孝行に恵まれた人たちもいるであろうが、犬猫、ライオン、動物と違う人間の尊厳、人の姿、その心の大切さ、人の道を諭しているのである。

親の子を思う心は、愛と憎しみを超えた普遍的な愛情、本質的な愛情にて見守っていて、日の照るところに出ると形に影が映像されるが、その影と形の如く、親が護っていてくれることは、父母と死別し仏となってからも窮地に追い詰められ、どうすることもできない苦境に立たされた時も、夢に出てきて楽しいひと時を映像し、心に癒しを与え影護してくださる。それが親心である。

男の子にとっては、母親はそのように生涯、特別にありがたい存在である。特別に親孝行のできた良い息子ではないのに偏《ひと》えに大慈（父）、大悲（母）が私たちを守ってくれていることが信知できるのも孫の顔を見た初老期以降の人生航路にあってのことかもしれない。

度々、親を殺害した事件が報道され度肝を抜かれる。勉強をしなさいと注意された高校生や中学生が親を殺してしまう。高校生が、毒殺魔グレヤム・ヤングの『毒殺日記』に影響されて、母親を毒薬で殺そうと企てる。大事に育ててくれた、かけがえのない母親が嫌いで殺そうと考える。殺害の心、恨みのこもった思いによる。感謝、ありがたいと思う心の逆である。

「五逆罪」は、仏教では五つの逆罪、重罪であり、救い難い無間地獄《むけんぢごく》へ堕ちる重い逆罪であるという。

(一)母を殺すこと。

(二)父を殺すこと。

(三)聖者、阿羅漢を殺すこと。

（四）仏の身体を傷つけ出血させること。塔寺や仏像の倒壊。
（五）教団の和合一致を破壊し、分裂させること。
釈尊の実在した時代にも事件があり、世には広く「阿闍世《あじゃせ》物語」として知られている。

『観無量寿経』は、王舎城《おうしゃじょう》の悲劇を主題とする内容である。それは、マガダ国の首都、王舎城で王位の略奪をはかった王子阿闍世が、父であり、国王であるビンビサーラを幽閉して餓死させようとし、王のもとに密かに食物を運んでいた王妃、韋提希《いだいけ》を捕らえた事件である。囚われの身となった韋提希が悲嘆に暮れて釈尊に懇願し、生き地獄より西方浄土に救われていく物語である。

父母殺害事件、この「阿闍世物語」はAjase complex、古沢平作（一八九七～一九六八）としても知られるが、インドの釈尊、在世当時に実際あった物語である。

お世話になったこと、親切にしてもらったことをありがたく思わず、かえって相手に対して酷いことをする「畜生並みの人間」「恩を仇で返す」「恩知らず」の人間でなく、恩を知り、恩を感ずる人でありたい。

「称名報恩」と言い、報恩謝徳の心が仏教精神であると「ありがとうございます、お陰さま精神」の大切さを諭しているのは多くの仏教者たちであろう。

「お陰さまで」。この神仏や人から受けた助けや恵みに大切な感謝の心、私たちが今日の豊かな生活をさせていただいているのも人々のお陰、「人々によって生かされているお陰」によってである。もし事業で大きな収穫を得たならば、人々の恩恵によって成り立っていることであり、感謝の心をもって社会に還元すべきであろう。

繁栄の陰には、大勢の犠牲者や陰となり力となり支えてくださっている人たちがいる。

人間は、欲が深いが「自分の利益」「自分だけの利益」をと感謝の心や恩恵を忘れ、私欲にとらわれる。

利他、人々の幸福や利益を考える愛他主義、利他行も大切であろうが、利己主義、私欲、自分の利益を優先させ他人のことを考えず、自分だけの利益を求め、ひたすら私欲を増やそうとする利己主義の人たちには利他行、まず人々の幸福や利益を念じ、その中に自分たちの利益も、ついてくるという、利他自利円満な人生観が求められるであろう。

今日の自分があるのは、誰のお陰かを考えると父母を始め人々のお育て、ふる里の自然や環境風土のお陰、お日さまのお陰であり、何度感謝してもしきれない程、ありがたく、お陰さまと頭が下がる。こういった人間としての基本を忘れるところから社会病理が起こり、心の病や悲の器としての人間の物語が発生するのではないかと語られる。

ありがたさ、お陰さまと感謝の心を忘れぬ知恩報恩の人生を大切に思うのは決して老婆心ではあるまい。人間としての豊かな心が私たちには求められているのである。

「一切衆生の利益安楽のために」Ananda の子、Samghamitra が、父母の供養として「一切衆生の利益安楽のため」井戸を造らせた話が現代社会にも伝わっている。

智慧ある有情である。菩薩の話であるが利他思想、利他行としての仏教のお話である。

よく吟味致したい感謝報恩のまごころである。

恩を仇で返す

戦争の影響も醒めやまぬ貧困な辛い社会を生き抜いた人々、苦労人は、相手から受けた情けや親切、ありがたい温情に感謝の心を持って、豊かな時代社会に喜びを感じている人がいらっしゃる。何一つ不自由のない社会に育った人たち、その人生観に、果たして日本人の心である「恩」の字は存在するのであろうか。

命の恩人、相手の親切をありがたく思う、恩に着るなどの恩の思想、謝恩の心に対し「恩を仇で返す」「後ろ足で砂をかける」、日本人の多くに恩の字が心のページに見られなくなってきている。

お世話になったこと、親切にしてもらったことをありがたく思わず、かえって相手に対して酷いことをする「畜生並みの人間」「恩で仇を返す」「恩知らず」の人である。恩には他人を助けることという意味もあろう。他人から受けた恩恵である。

恩とは何がなされ、今日の状態の原因は何であるかを心に念ずることであり、仏道修行の大切な要因と考えられている。父母の恩、国王の恩、衆生（人々）の恩、三宝《さんぼう》の恩の四《し》恩《おん》は良く知られているが、如来が本願力をもって衆生《しゅじょう》を救おうとする恩徳を思うべきであると教えている。

親鸞聖人は『正像末和讃《しょうぞうまつわさん》』に「如来大悲の恩徳は、身を粉にしても報ずべし。師主知《ししゅち》識《しき》の恩徳も、骨を砕きても謝すべし」と世の人を救おうとする仏の願いの力による恵みに感謝することの大切さを和讃に詠じた。

どんなに偉くなっても「恩知らず」の人間であったり、「恩を仇で返す」、後足で砂をかける人間であってはならないという。恩を知り、恩を感ずる人でありたいと言うのである。

世は末世の現象であろうか。

仏教の力が衰えてしまった末世にさしかかっており、道義の廃れた時代、仏法が衰えて、世の中が乱れるとされる時代、末の世にさしかかっているように思えてならない。

道義は、人として守らねばならない正しい道、徳義、倫理でもあり、道義上、許すことのできない状態である。

僧たる者は願わくば「福祉に生きた仏教者たち」のように仏教社会事業史や教育道など、生きた人間の救済に尽力すべきという民衆仏教、つまり利他行実践、菩薩回帰の願いをもち、その昔は生き仏として仰がれたのである。

津波や地震、望まぬ自然災害もあろう。豊かさはありがたい結構である。しかしながら地球上の三分の一とも言われる餓死する貧しい人々のことも頭に入れておかねばならない。豊かさは人々のお陰である。「門前の小僧、習わぬ経を読む」。僧俗共さらに仏教の真髄を生涯究め、仏道に生き、人々にも、その心が伝心するような生き方ができたら最高であろう。

望まれる知恩報恩の人生航路であろう。

恩を仇《あだ》で返す、心ない人間でよいか

命の恩人、人から受けた感謝すべき行為に報いて返さねばならぬと感じる程、恩を受けて「ありがたい」と思うことが、苦労を伴う私たちの人生には必ずあるものである。

親の恩、恩師の御恩、人々の御恩（衆生恩）、人々から受けた恩に報いる報恩の人生、今日在るのは誰のお陰かを知る（知恩）の人生航路は人として当然、なおかつ大切な心であるといえるだろう。

ところが、浅はか、愚かな現代人、自分の受けた恩を忘れる（忘恩）、受けた恩を「ありがたい」と思わず、それに報いようともせぬ「恩知らずな人」、恩返しをするどころか、かえって相手に不利益を与えたり危害を加えたり、「恩を仇《あだ》で返す」人間も、この世の中には結構いるものである。人間としていかがなものであろうか。感謝どころか、恨《うら》み（怨）、怨念《おんねん》、私恨《しこん》（ひそかに恨む）が重なる。「恩を仇で返す」人間が形成され、恩を仇で返すのも人間である。しかし、恩を知り、受けた恩に報いる人間も同じ人間である。人として、どちらが立派で尊敬され評価される人間であるか、申すまでもないことであろう。人間には知恩報恩の心、精神が大切であろう。

物質偏重の物質だけの豊かさにとらわれる日常生活、戦後の物質不足の社会を思えば、その物質的な豊かさも大切であるが、それと同時に「精神生活」の豊かさも不可欠であろう。

「精神一到、何事か成らざらん」。心を込めての人生航路である。心を込めて一生懸命すれば、どんなこともできないことがあろうか。

そのような努力に味方にする精神主義がある。

人から感謝され評価が得られる人になることができたならば、それは大勢の人々にお育ていただいて、お陰さまでそのような今日があるのである。

ややもすると自分一人の努力の結果のように思いがちである。

人間は親のみにあらず周囲の人々に育てられて一人前になるのであり、その意味で私共は、親心、普遍的な愛情、御慈悲の中に命を育まれているのであろう。そのことは、実は若い時には気づきにくい事柄であるかも知れない。門松をくぐり、ありがたさ、かたじけなさに号泣する時が誰の人生にもあろう。その時、親孝行したいと一念発起するが、その時には既に親はなし、師匠もいない。

御恩返しは、それ程たやすいことではなかろう。しかし、恩を知り「ありがとうございます」と感謝報恩の誠を捧げる豊かな心が今の私たちに大切であることは言うまでもないことである。

恩を仇で返すような人であってはいけない。

「称《しょう》名《みょう》報《ほう》恩《おん》」と親鸞聖人はおっしゃった。これは、お念仏を唱えることは、お世話になった人、天地自然の恵みへの「感謝報恩のまごころ」であり、「報恩謝徳の心」という宗教的信念、信仰心、人生の肝要な心を諭しお示しになり、たとえ大成功できたとしても、人間として忘却してはならぬ大切な「感謝の真《ま》心《ごころ》」をおっしゃったのである。

そこには、この点を忘れたら人間の尊厳はない。犬猫とそんなに変わらない。人を襲う猛獣であってはいけない。人々から尊敬される心ある人間であってほしいという願いがあろう。

報恩の心、利他行、人の幸せを願う心をおっしゃったのであろう。

我利我利亡者《がりがりもうじゃ》は、金銭欲などの執念に取り憑かれ、死んでも成仏できないでいる人のことである。

人間は、欲望の塊と仏典にはあるが、この地球上には恵まれない人たちも大勢いることを忘れてはいけない。

成功の暁には、われ一人良しとせず、社会への感謝、報恩の実践行も必要不可欠であろう。

金銀財宝は、あの世に持っていけるものではないのである。人々のお陰で今日がある、という人生の基本を忘れたくないのは皆、異口同音、一緒ではなかろうか。

人の生き方は、それぞれであり、人間としての素質もさまざまであろう。

優秀な人、凡庸な人、いろいろな人、上品《じょうぼん》、中品《ちゅうぼん》、下品《げぼん》の九品《くぼん》の人がいるであろうが、人はその行いによって、その人の品位が決まると言う。

心ある人間でいてほしい。少なくとも恩を仇で返すような人であってほしくないというのが、先達の教訓であり、知恩報恩は、人生の重要な主題、テーマであろう。

臨床福祉哲学の心

戦後日本、経済を柱に復興を遂げ、豊かな社会日々の暮らしになった。しかし、何か大切なものが忘れられ、結果、心不在の物質的繁栄社会ではないのかと心ある人々の歎きが聞こえる。

現代人に不足するもの、現代人が喪失してしまった日本人の心、大切なもの、それは一体何なのだろうかと、老婆心が聞こえてくる。

無人島で独り暮らしできない人間の社会は、一言で言えば「共に生きる社会」であり「思いやり」が必要な社会生活ではないか。

コンピュータ社会に生きる人間が、今日、性質が荒々しい獣社会の要因をきたしている。学校でのいじめ、公道での突然の猛襲、平気で殺害し人命を奪う獣人間、相手を思いやる気持ちのない猛獣社会のようにも思えるのは私だけではないはずである。

「人を大切にし、人を尊ぶ」共に生きる社会でなく、狼籍の人間が増加しているかのように、人間顔、人間の姿はしているが、獣や狼籍の人間が街を歩き人を殺害する。殺害のみでなくきわめて残虐である。毎日のように三面記事をそれらの事件が賑わす。二十一世紀は人命を尊ぶ、共に生きる社会でありたい。

利他ならぬ自利・主我主義、おれがおれがの利己主義、自分だけ良ければよい、人はどうなろうがかまわないという若い時にありがちな誤った考え方、誤謬《ごびゅう》が、国民全体に拡大したとしたら一体世の中はどうなるのであろうか。

子供たちも暮らす地域社会、今、思いやりの心を育てる地域社会が求められている。「婆のお五十は年寄だけに思い遣りも沢山《たんと》あり」(『人情本・恩愛二葉草三、七章』)。思いやり深いその「おもいやり」は、人の身の上や、心情について察しが充分にあり、同情するその気持、同情心が強くあるいわゆる心情である。

知、情、意で言えば、知識、頭でっかちな人間と言わんよりは、情、思いやりの心、物事を感じておこる心の動き、意が大切であろう。

この情が失われ心の冷たい愛情に欠ける義理人情の薄い、いわゆる薄情や情愛のない、心のない木や石同然の非情、無情社会を形成しつつあるという一種の現代社会への警告でもあろうか。

思いやりのある地域社会にあっては、子供たちも地域が一体となって豊かな心をもった日本社会の後継者たちを育てるという課題があるように思えるがいかがであろうか。

人間の尊厳について

人間存在の基本的な心得

人間に固有の尊厳性は、個人から奪うことができない大切なものであり、「個人の尊厳」が、現代の民主主義の法体系の基礎にすえられ、人間としての基本の在り方は「個人」にあろう。

日本国憲法には「個人の尊厳」、個人として尊重されるとあり、民法には「本法は、個人の尊厳と両性の本質的平等とを旨として之を解釈すべし」（第一条の二）とある。『心身障害者対策基本法』一九七〇（昭和四五）年は、「すべての心身障害者は、個人の尊厳が重んぜられ、その尊厳にふさわしい処遇を保障される権利を有するものとする」（第三条）とある。

社会体制における個人の在り方、体制的置かれ方、その実生活における生き方、共同生活の営み方、個人の社会での在り方、生き方その権利である。

個人の尊厳は、人間としての尊厳であり「人間の尊厳」＝「個人の尊厳」であろう。人間の尊厳に貫かれた生存という人間の在り方は諸個人における人間の尊厳の存在として確認される。人間として意義のある生存と言えよう。

個人の尊厳は、個人が人間であることの証しとして人間の尊厳が最高に重視されるのであろう。

人権

個人に固有な、基本的権利として人権がある。それは、人間が人間であるがゆえにもっている権利である。個人における人権の享有《きょうゆう》は、社会における個人の在り方が個人の尊敬を保持しての生存であることの証しとなるものである。人権は権利の問題であり、社会における個人の在り方の核心をなすものであろう。

共に人間である。共に生きていくという基本が、人間相互の在り方にあろう。なぜ共に生きるべきか。それは人間の生き方、人間社会の在り方の基本問題の問いである。人間は、一人では生きられず、共に生活するという人間の在り方の際立った特徴があろう。共に生きていくという行動基準は、共に生きていくことに協力する人々によって、人間の在り方が原理的に理解され、個人の尊厳、人権の実現、保障が、共に生きていく人間の現実の中で期待できる。

自由、平等

諸個人には、個人の固有な権利として「平等な在り方」、個人の「自由な在り方」が認識、承認されている。社会における個人の固有な資格、権利として認識されていて、一人一人の生存がこのような個人の在り方でなければ社会に生存する意義がない。社会に生存していく意義をもつ個人の固有な権利が保障され、実現される社会における「個人の基本の在り方」として、人間の尊厳は最高の価値として最大に重要視される。

平和のうちに生存する権利

わが国の憲法の前文には「われらは全世界の国民が等しく恐怖と欠乏から免れ、平和のうちに生存する権利を有することを確認する」とあろう。「平和のうちに生存する権利」は日本の憲法に明示されている権利であり、現代社会における人間の基本的在り方と言えるではないだろうか(1)。

主体性の尊重

主体性とは、人間の自主的、能動的な性格、態度(independence)である。人間の行動の中心になるものがもつ、自主的な能動性、identity、他者とは違う本当の自分らしさ、自己の存在証明、主体性であり、他人の力、保護、指図などをかりずに自分の判断力を尊ぶ自主性である。

精神障害者が主体的に生きることとは、人がその人らしく、自分の在り方を確かめながら、自分らしく生き、主体性を発揮し、自立をも可能にする生き方であり、他者に理解され受け入れながら、自分としてこれからどのように生きていくか決めていくことである。そこから新しい経験への挑戦も始まる。

主体性の尊重とは、こうした歩みを共に生き、見守ることであろう。精神障害者が自立して生きるということは、主体性が尊重されてはじめて可能となることであろう[2]。

精神障害者の人権

精神障害者も一般市民であり、人として生きる人権があろう。差別をうけてはならず、犬猫同然に扱われてはならず、非人間的に扱われてはならぬ。

一九六八（昭和四十三）年WHOから派遣されたクラーク博士は「精神分裂病者が病院に集められ、無為のまま閉じこめられている。患者たちはそこで長い生涯を送り、入院患者数は増加し、病院は無為で希望もなく、施設病化した患者で満員になっている」と『日本における地域精神衛生』を語り、患者および病気を社会という文明の中で位置づける社会精神医学の欠如、遅れを指摘している。

一九九三（平成五）年「障害者基本法」により精神障害者は、他の身体、知的障害者と並ぶ障害者として明記され、一九九五（平成七）年「障害者プラン」により他の身体、知的障害者と並んで精神障害者施策が策定され、障害者としての福祉を含む権利が明確になった。

長らく医療の「治療され回復すべき精神病者」対象から福祉の対象者としての存在、人権の保障が進んでいる。

障害者としての権利として憲法上の人権保障には、基本的人権（第十一条）、幸福追求権（第十三条）、健康で文化的生活を営む権利（第二十五条）、勤労の権利義務（第二十七条）、法律の定める手順によらなければその生命もしくは自由を奪われない（第三十一条）、（自由を奪われた人は）裁判所において裁判を受ける権利（第三十二条）があると定められている。

クライエントの自己決定権の尊重――QOL（生活の質）

人間の「生活」とは（一）いのち（生命）生存、（二）暮らし（生計）、暮らしむき、（三）人生、生涯、生き方、生きざま、という三重構造をもち、自己実現、生きがいという諸活動が大切な存在として位置づけられよう。

わが国は、皆の努力により高度経済成長をとげ、生活の量的なレベルが達成され豊かな現代人としての生活になった。その結果、人々の関心も生活の「量」から生活の「質」、すなわち「満足感」「安定感」「幸福感」などを規定する諸要因の複合、暮らし良い生活評価へと転化しつつある。

「ありがた迷惑」という日本語がある。親切や好意がかえって人を困らせること、「ありがたい」、しかし「迷惑」に感じることという意味である。医療や福祉側の価値判断によって患者、障害者の治療、ケアー、リハビリテーションが常識に流されて「本人不在の処遇」となることがややもすると起こり得る。

本人の自己決定を尊重するよりも医学的診断のみに基づく援助行為、クライエントの症状や状態像に注目して個人の人格を忘れ「自己決定の原理」を忘却してしまうことがあろう。クライエントの「自己決定権」を認めるということがＱＯＬの根本的理念である。

注

（1）井上茂『人権叙説』岩波書店、一九七六年。
（2）『精神保健福祉論第四巻』へるす出版、一九九八年、一八三〜一八五頁。

精神の病気について

もって生まれた気質、性格

性格という言葉は、ギリシャ語のCharaktḗr（彫り込まれた刻印）を語源とし、目だった特徴の意味である。生まれつきの人なりの品格人柄を意味し、よく似た概念に気質、人格、性格がある。

一、性格（Character、キャラクター）は各人の特有な、持続的な行動様式、意味をともなう特質であり個人に特有なかなり持続的な際立った心的機能の特徴をさす。

二、気質（Temperament、テンペラメント）は、心立て、気立て、気性、個人の基礎となっている遺伝的、生物学的な一般的感情傾向性格で遺伝によって規定される側面だとされている。

三、人格（Personality、パーソナリティー）の語源は、ラテン語のペルソナ（persona）仮面であり、人柄であり、道徳的行為の主体としての個人、自己決定的、自立的意思を持つ主体で人の行動を理解し予測するうえで重要である。優れた人格の備わった人は人格者と言われるその人格である。パーソナリティーは生物学的遺伝的要因と社会的文化的環境要因から影響をうけるが、個人において恒常性連続性を保ち、個人の態度や行動にその人らしさや個性を与える。

人格形成、性格形成の方向過程に影響を及ぼすものとして遺伝と環境の二要因がある。遺伝的因子の動きを理解するものとして家系研究法（Galton. F）、双生児法（gottschaldt）が代表的である。

環境的因子の影響は人生初期における親子関係の在り方が性格形成に影響を及ぼすと精神分析学の立場（S・プイトやボウルビーなど）、文化のインパクトを重視する文化人類学の立場（M・ミード、ベスデクト、リントン、ホワイテング夫妻など）の研究がある。

遺伝、気質説は「血は水よりも濃い」「瓜のつるに茄子はならぬ」。環境説は「朱に交われば赤くなる」「氏より育ち」という諺や言いまわしでよく理解できよう。

性格は気質にさまざまな後天的影響が加わりできあがる。とすれば「持って生まれた気質」＋「育つ環境や個人の生育史」によって十人十色の性格が形成されると言って良いであろう。

気質は与えられたもの、人格は受動的に形成されるものではなく自ら築き上げていくプロセスであり価値観がともなう。性格は「後天的に形成される個人の性格」であろう。

この自己形成がしっかり形成されず破綻をきたしている状況が、現代人の「アイデンティティの危機」につながるといわれている。人間的な病、統合失調症は「自我の弱さ」「アイデンティティの脆さ」を母胎として発生する。

子供は成長していく過程で「自我形成」をうまく完了しなければならないのであるが、うつ病も統合失調症も自我形成が弱く、アイデンティティの形成も不全で自分を失ってしまっているのである。そして自我の構造がバランスを失って破綻する。統合失調症は、自分を自分として他人から区別できなくなる病気なのである。

うつ病は、生理的な病気といわれる。
(一)管理社会のストレス過剰による病人は、つまり社会の歪みの犠牲者である。家庭や職場の人間関係も影響がある。
(二)間脳の機能障害から生じる。
(三)体質、(四)性格、(五)遺伝が関係し、発病は一般的に(三)体質、(四)特有な性格、それに発病状況の三つの因子が、からみあっている場合が多い。
現実の世界から離れて自分の世界に生きる自閉症は、スイスの精神医学者ブロイラー(Eugen Bleuler、一八五七〜一九三九)によって分裂病の一つの特徴として指摘され、ブロイラーの助手をした二十世紀のフランスの精神医学を代表するミンコフスキー(Eugène Minkowski、一八八五〜一九七二)は「現実との生ける接触の喪失」と語る。

発達障害の子の両親は一般的に学歴が高く家庭は知的雰囲気があり、絵本や玩具類をふんだんに与えている。しかし大切なもの、必要なものが欠如している。

母親はなすべきことをてきぱきとやっていて、優秀、すごいなと思わせる。手落ちはないと思わせる。しかし情よりも知のまさる母親は育児の面で合理的、機械的である。子供にとって母親は自分が初めて出会う重要な人である。母との一対一の出会いによって、母親の心像を取り入れ「自分という意識」も芽生えてくるのである。母親が子供を抱き上げて頬ずりしたり、一緒に遊んだり、歌ったり、話を交わしたりすることが少ないと、子供の成長にとって最も大切なものが欠如する。

自―他の関係は人間形成に必須であり、これが欠けると子供の心の中に母親という明確な像を結ぶに至らないばかりか「性格」も「気質」も形成されない。

幼児期の子供と両親の接し方や出会いは重要で、愛情不足、過干渉、過保護も病的な三つ子の魂を形成する。

幼児院、保育所でも母親の代理ママがきかず、施設症というホスピタリズム異常が生まれる可能性がある。母親の愛情はすこぶる重要なのである。

現代社会の病理について

戦後、日本は「経済」を、国の政策の柱として復興努力をし、先輩たちの蟻が働くような汗水を流した仕事ぶりのお陰で、資源のないわが国もＧＮＰ（国民総生産）世界第二位といわれるような経済大国、豊かな日本社会に到達することができた。アジアのみならず地球上のどの国よりも豊かで素晴らしい国であると喜べる今日がある。

ところが、その豊かな日本の現代社会にも病理があり、豊かさのゆえの病理現象として社会問題となりつつある大問題が、フリーターやニートの存在である。

一、フリーター

フリーターは、フリー・アルバイターの略で英語とドイツ語を合わせた和製用語である。非就学、学校には行っていない「アルバイト就労者」であり、若者の定職離れ現象を示す言葉である。

終身雇用の仕事一筋の会社人間ではなく、「組織に縛られずに自由気ままに生活を送りたい」「本当に自分のしたい仕事を見つけるまでの猶予期間」という考えであり、定職を持たない二十五歳未満の若者に多く、フリーターはよく知られている。

二、ニート（Not in Employment, Education or Training）

ニートは仕事もせず、勉強や通学、職業訓練もしていない若者たちである。その数、二〇〇四年に六十四万人といわれている。
「よく学び、よく遊べ」。学習も、遊びも、仕事もせず、引きこもる。

一年以上「仕事をしていない」「求職活動を行っていない」「学校に行っていない」「就職訓練を受けていない」人たちである。

生活のサイクルがしっかりしていないので「規則正しい生活態度」を身につけてもらい、社会人としての基本「挨拶」、労働への意欲を高めることが、方向としては重要であろう。

昔は「働かぬ者、食うべからず」。自分の仕事に生きがいをもって、毎日せっせと精を出し働く働き手が奨励されたが、豊かな時代、何もせぬとも生活ができるので、ニートは豊かな時代の社会病理現象とも考えられよう。

家族が餓死せぬよう、昔は家族、力を合わせて「働かぬ者、食うべからず」。働かねば生命を保てなかったのである。

姥捨て山の物語も、食がままならぬ時代の悲しい物語なのであろう。

三、不登校 (non-attendance at school)

学校に行かない、行けない「学校嫌い」の小中学生、高校生などである。

一九七〇年半ば頃から増え続け、一九七七年文部省統計は、小中学生合わせて一〇万五〇〇〇人、実際は五倍とも十倍とも言われている。

いじめ、体罰、校則による管理などの原因もあろう。

朝、腹痛、嘔吐などの身体症状が現れたりして引きこもり、つまり、自宅、自室で生活のほとんどを送り閉じこもる。

家族に姿を見せず、入浴せず、食事、排泄も自室でする人、時々、欲しい物を買うために外出する人もいる。

二十歳代を中心に中高年に到ると出勤拒否となろう。

一九八〇年代以降、フリースクール（free school）が日本にもでき、不登校の子が通っている。居場所、フリースペースである。

本人が子供がその場での行動の仕事を選択し決定している。

ホーム・エデュケーション（home education, home schooling）もある。

学校教育では、教育内容や方法について主導権が教師や教育行政にもあるが、ホーム・エデュケーションの考え方は、子供の教育の主導権は家庭にある。学校に行けない不登校は、家庭を中心に自分に合った成長をしていると考え、一九九〇年代より家庭を基盤とした子供の成長の在り方（home based education）の全国ネットワークもできている。

学校がありのままでいられる場所であり、教師と児童生徒が人間愛で結ばれ、学校が生徒にとって自己の存在感を実感でき、精神的に安定している、そのことのできる場所、すなわち「心の居場所」であるとよいのだが、今、不登校、高校中退、校内暴力、いじめなど、問題行動、ニートの増加が注目されている。

家庭内暴力や校内暴力も増え、子供の心が荒れている。

幼稚園時代は、あのように可愛く、生き生きしていた子供たちが、いつどのようなことが原因で、無気力人間、ニートになってしまうのであろうか。まったく不思議でならない。

その意味では、私学の小中高、専門学校、大学と一貫教育が望まれ、人は育てようで、心の豊かな人間、夢、希望にあふれた人間に育つはずである。

パーソナリティーの歪み（人格障害）、その心の病は青年期に入る頃より次第にはっきりしてくるであろう。

その人固有の感じ方、考え方、付き合い方などにより、社会生活上、摩擦を起こし、病気が重くなるにつれて、社会に迷惑をかける状況となる。

心の病発生の根底には、アイデンティティー形成不全があるように思える。自分の好きなことに専念し、不退転位で、念願成就、夢実現を目指している人たちは、目の輝きが、引きこもりの人たちとは違い、いきいきとした張り合い、生きる喜びが感じられるであろうに。

阿闍世コンプレックス

古沢平作（一八九七～一九六八）は、一九三二（昭和七）年にウィーンの精神分析研究所に一年間留学、その時、つまり一九三二年フロイトのもとに『罪悪意識の二種（阿闍世コンプレックス）』という論文を提出した。

日本人では、はじめて精神分析医としてのトレーニングを受け、今日の日本における精神分析学、精神分析療法の礎を築いた精神分析医である。それは仏教的精神分析理論の形成であった。

父親の存在を重く見るエディプス・コンプレックスの議論と比べていずれも母子関係を重視していることが特徴である[1]。

(一)エディプス・コンプレックスは、母への愛から父を殺害するエディプス（子どもの愛憎葛藤であるが、阿闍世コンプレックスは生命の根源である母のエゴイスト（母の愛欲のために裏切ること）への激しい怒りと母殺害である。

(二)エディプス・コンプレックスの罪悪感と区別した罪悪意識（懺悔心）を提起したが、それは母への敵意が母の愛によって許され、阿闍世の心に自発的に〈悪かった〉という罪悪意識が起こることである。

(三)この際重要なのが母の変化、つまり愛欲中心の母から〈母なるもの〉への変化成長が葛藤の解決をもたらしていることであり、この母の変化を治療者の態度として使う治療理論を方向づけた。

仏典、浄土三部経の『観無量寿経』にお家騒動、阿闍世物語があり、『観無量寿経講義』（拙著）には次のように説かれている。

阿闍世王が、父王、頻婆沙羅《びんばしゃら》を王宮の一室に閉じ込め、拘禁、王舎城の王宮に起こった悲劇であり、わが子阿闍世の反逆によって七重の牢獄に監禁された王位をめぐるお家騒動である。ビンビサーラ（Bimbisāra）王は、マガダ国の王で熱心な仏教の帰依者であった。仏教教団の有力な外護者であった。悪友、提婆達多《だいばだった》と親しくあった王子阿闍世は、悲劇の発端となる話を聞かされ、王位欲しさの余り、父の大王を牢獄へ幽閉し殺害しようと企てた。悪友、提婆達多は、釈尊の従弟であり、仏弟子になったものの、本当に釈尊を仏として拝むことができず、釈尊の教団の栄えていくのをねたみ、頻婆沙羅王の太子阿闍世に王位を奪わせ、自分の外護者とし、釈尊をなきものとし、自分が教団の主となり、釈尊の地位になろうと悪計をたくらむのであった。

提婆は、阿闍世を唆かすに際し、阿闍世の出生にまつわる因縁を語り、阿闍世が父王を殺し、新王になるように仕組んだのであった。

ビンビサーラ王とお妃のヴァイデーヒー（Vaidehī、韋提希《いだいけ》）の間には、久しく子どもがなく、世継《よつぎ》の子の授かることを願って、占い師に占ってもらうと、三年後、近くの山に住む仙人が天寿をまっとうして死んで太子の子となって生まれ代わる、と答えたのである。

父王は、仙人の命終、天寿まっとうがいつになるかわからないから臣下の者に命じて仙人に早く死んでくれるように頼むのであるが、聞き入れられない。そこで、臣下に命じて仙人を殺させてしまった。夫人は、その後、懐妊、懐胎され、再び、占い師を読んで尋ねると、立派な男の子が生まれる。しかし、お子様は、生まれる前から、怨みをもっていますから、生まれたらきっと仇を報ずるでしょうと答えたのである。

夫婦は相談の上、出産の時、高いところから、生み落とし、人知れず殺そうとせられたが、その子は、指一本折っただけで、命に別状もなく育った。提婆達多から、出生の秘密を聞かされた阿闍世は、憎悪から父王の殺害を企て、国を奪うことになる。(2)

阿闍世物語は、青年期の息子と母親の苦悩を描いたものである。

古沢平作は、親鸞を信仰し、親鸞の教えを学んだところから、非常に日本的な精神分析的研究、阿闍世コンプレックスが生まれた。アジャータシャトル（Ajātaśatru）の「阿闍世物語」である。

阿闍世とは、インドの釈迦時代の仏教物語に登場する王子の名前である。物語は、あるインドの王の王妃は、年をとり容姿が衰えそのために夫の愛情が去ってしまうのをおそれ王子が欲しいと預言者に相談した。すると裏山の仙人が天寿をまっとうし死ねば王子が授かるという。王妃は待ち切れずに仙人を殺させた。仙人は、その子どもは父を殺す大罪人になる、と呪いの言葉を残して死んだ。王妃は身ごもったがその呪いを聞いてびっくり。今度は何とかして子どもをおろそうと願い、高い塔の上から出産したりもしたが無事に生まれた。成人した阿闍世は釈迦のライバルである提婆達多から自分の出生の秘密を聞き、父の王を牢に幽閉し殺そうとした。ところが母妃が王を助けているのを知り、阿闍世は怒って母妃も殺そうとした。大臣から母親を殺すならあなたの命もと諫められた。後悔の念に責められた阿闍世は、流注という思い病気になって苦しむようになった。そして殺そうとした母親の献身的な看護や釈迦によって救済される、という話である[3]。

古代インド、王舎城の王子阿闍世は父母の愛に恵まれ、幸せな家庭に幸せな息子として育ち、青年期になって、暗い出生の由来を聞かされる。阿闍世の母、韋提希夫人は子宝に恵まれない。しだいに容色の衰えを感じ、このままでは夫である頻婆沙羅王の愛がうすれるのではないか。王妃としての身の上にも不安を抱く。なんとか子どもがほしい。思いあまって相談した予言者から、「森に棲む木こりが三年後に亡くなり、そのうえで生まれかわってあなたの胎内に宿る」と告げられ、夫人はその三年後を待つことができず、その木こりを殺してしまう。年老いた木こりは殺されるときに「この怨みをはらさないでおくものか」と叫んで息絶え、そして身ごもったのが阿闍世であり、老人の生まれかわりとして誕生する。母は、阿闍世を身ごもったものの、お腹の子ども、つまり自分の殺した木こりの怨みが恐ろしくて、おろそうとして、産むとき、高い塔から産み落として、その生命を絶とうとする。

自分の出生の由来を「青年期」に聞かされた阿闍世は、母への幻滅から殺意にかられ、母親を殺そうとするが、いまだかつて養育の恩のある母親を殺すほど極悪非道残虐な罪を犯した人は前代未聞とさとされ、思いとどまる。しかし、阿闍世は体中に腫れ物ができて、悪臭をはなつ病気にかかる。これは天罰であると誰も看病をしてくれない。その阿闍世を献身的に看病した人は、母、韋提希夫人。この母の許し、お蔭で病もなおり、やがて王舎城の歴史的名君として君臨する物語である。

韋提希夫人は、人間苦のあまり釈尊その弟子、大目犍連《だいもくけんれん》、阿難《あなん》に苦悩する女性、母親として「私は今、悲しみと憂いの只中にいます」と身の苦しみを訴え、「ただお願い申すことは、世尊よ、私のために憂いや悩みのないところを広くお聞かせ下さいませ。私はまさにそのような世界へ生まれて行ってみたいと存じます」と浄土への往生を願い求め、浄土に生まれようと、心を向け、ねがいをおこす。いわゆる浄土願生《じょうどがんしょう》である。女人成仏、安楽世界へ往く道が釈尊によってさとされる。

仏教信仰により、抜苦与楽《ばっくよらく》の道、心の依りどころを獲得するのであるが、現代で言えば、仏教との廻りあいによって、人間としてどうにもならぬ「人間苦」から救われていくという抜苦与楽、この信仰の道が安心立命《あんじんりつめい》を与える。先人・先達の智慧を仰ぐ。体験的叡智、道は、すでにあり、このようにしたら行ける。このようにしたら来られるという如来の智慧を信じ仰ぐ信仰の道が、母親にとっても恐ろしい自分本位の心からぬけだし、本来的な母親らしい母親の心をとりもどす心の程となった、換言すれば未生怨《みしょうおん》が阿闍世物語の一大テーマである。生まれる前から存在する「怨念」怨み、「怨心」うらみの心、非難である。

仏教は、大慈悲を本とするからわれを害する怨敵も憎むべきでなく、われを愛する親しい者にも執着してはならず、平等にこれらを愛隣する心を持つべきをさとすが、怨み心から母を殺そうとした罪に天罰がくだり、阿闍世は重症にかかり、生死をさまよい、母親ならではの暖かい看護によって回復し、母との間に互いに許す気持ちが起こって、本当に申し訳なかったという「懺悔心」をいだき、倫理的な本来の自己をとりもどしたというのが阿闍世コンプレックスなのである。(4)

『浄土和讃』観経意に、親鸞は、

恩徳広大釈迦如来　韋提夫人に勅してぞ
光台現国のそのなかに　安楽世界をえらばしむ
と詠じている。

注

（1）『精神医学辞典』弘文堂、二〇〇一年、四一九頁。
（2）拙著『観無量寿経講義』山喜房佛書林、一九八三年、一五〜一六頁。
（3）新福尚武編『精神医学大辞典』講談社、一九八四年、四二二頁。
（4）小比木啓吾『現代人の心理構造』NHKブックス、一九八六年、一二七〜一三一頁。

煩悩に惑わされての現代人の精神病理

人間は「煩悩具足の凡夫」であり、「聖人君子」ではない。知徳を備えた理想的な人物「聖人」でもなく、些細なことに感情を動かし、誘惑にあって、自分の初志を見失ったり、困難に出くわして、くじけたりする。凡夫であり理想的な人格者「君子」ではない存在である。

むしろ、「煩悩熾盛《しじょう》の凡夫」（煩悩が火の燃え盛るように激しい生きもの）と言われ、煩悩に惑わされて生活している。

煩悩とは、欲望、執着、怒り、ねたみであり、有情（人間）の身心を煩わしく、悩ます現象である。

煩は身を悩まし、悩は心を悩ます。つまり、身心を悩ます。むさぼり（貪）、まだ充分ではないと欲しがり、その行為を続ける。いかり（瞋）、自分の気持ちに反するものに対して激しく怒る。おろかしさ（癡）、俗字は痴であり、私たちに馴染みが深い字である。

正常な判断がまったくできない状態であろう。

何かに夢中になって常軌を逸する「色のとりこ」になることであろう。美貌の女性には男が迷いがち、女性を無限に愛したいと思う男性の欲望、男性に対する女性の欲望、相思相愛の関係にある異性との情事、色事の多い女性、女性から好かれる美男子物語があろう。ドラマとしては面白く楽しい。

現実にもどって、よくない例としては、痴漢、痴態などの愚かしい話もある。男女の恋愛、情事、女たらし、色恋物語、性的魅力がある、色っぽい、気がある異性に色目を使う。昔は、遊郭や料亭、待合、芸者屋などの集まっている色町もあったが、それらは皆、人間に煩悩があり、煩悩に惑わされて行為、行動が生ずるという行為構造論であるといえよう。

人間の行動は、欲望によって左右され、動かされる。それが実態であろう。

三毒の根本的煩悩、貪、瞋、癡が燃え盛る人間の浅ましい姿、生きざま、時として、煩悩が人の智慧の命を損なう。仏教の教えも知らない根本的な無知が存在する。凡夫としての人間存在である。煩悩を「魔」、欲界を支配する第六天、他化自在天《たけじざいてん》の「魔王、悪魔」といい、奪命（命を奪う）、殺者（殺す者）の根源的存在であるという。

心身を苦しめ、煩わす、煩擾悩乱《ぼんゆうのうらん》の精神作用は、惑ともいい、愛（tṛṣṇā）であろう。

煩悩を滅し尽くすことができれば、惑わされずに、心が動揺せずに、乱されずに生活できるが、煩悩の軍勢の陣に勝ち、克服することは、それが数限りなく起こり、数が多いので容易ではない。

仏の世界でなく、魔の世界である。人々を悩ませる魔界である。
一、煩悩魔……心身を悩ます、貪り。
二、陰魔……種々の苦しみを生ずる五蘊《ごうん》（人間を成り立たせている五種類、五つの集まり）、色（肉体）、受（感覚）、想（心の中で思い浮かべる想い）、行《ぎょう》（形成力）、識（意識、こころ）。
三、死魔……衆生（人々）の死ぬ時期を定める魔、天魔（鬼神）。
四、他化自在天魔……人の善行を妨げる欲界の魔、善を障《さわ》る。
以上は、四魔である。

五魔は、天魔（鬼神）、罪魔（罪悪）、行魔（無常）、悩魔（煩悩）、死魔（死）である。

一、天魔（天子魔）

仏法を妨げる者、人が善事をなそうとする時、邪魔をする欲界の頂《いただき》（欲界の最上位）、第六天にいる悪魔、魔王である。

人の真実の智を断ち、悪業をためさしめる。天魔波旬《はじゅん》ともいい、波旬（pāpīyas）は「より悪しき者」を意味する。

鬼神と言われるからには、目に見えない超人的神秘力を有する。善神と悪神とがあるが、害を与える低俗な神々である。人が死んでなるもの、陽魂（神）、陰魂（鬼）、死者の魂。夜叉をいう。

夜叉（yakkha）は、人を侵害して食らう悪鬼で、大食い鬼、暴悪な鬼神である。悪人を食うが、善人を食べぬという。

二、罪魔（罪悪）

人間の心を汚す罪として、貪欲、憎悪、迷妄の三毒をあげ、憎悪に結びついた罪（憎、悪と共なるもの）を迷妄とし、共なるものが罪であるという（『ウパーリ所問経』）。

犯さざるを得ない罪を犯し、悪に征服され、破壊され尽くして死の危機に直面し、苦悩する人間は罪におののく。

親鸞聖人の著述や『歎異抄』には「罪悪深重《ざいあくじんちゅう》」という表現がよく出てくる。悪のみを重ねて罪深い罪悪を犯し続け、生死の世界に迷い、生死に流転している凡夫の姿、人間観、自身の姿を悲歎述懐する。身体による悪行、言葉による悪行、意による悪行、われらは現世の罪の報いを怖れるべきで、罪報の報いを見る習性を作るべきであり、それによって一切の罪報から開放される（『増支部経典《ぞうしぶきょうてん》』）。

罪は人としての道に反すること、殺生、妄語《もうご》（うそをつくこと）、悪い行い、わざわい（その人を不幸に陥れる原因となる。それが原質になって悪い結果を招く）。災いを転じて福となすこともできるであろう。

三、行魔（無常）
人が死ぬこと、病没すること、病魔に取りつかれる。

一旦その人に取りついたら、なかなか離れることのない性悪な病気により病没、病死する。飲酒（アルコール依存症）、喫煙等の捨寿行（寿命をちぢめる行い）も病死を誘導する。

睡魔、眠気に襲われる。睡眠不足は危険であり、運転中眠気がさし、事故死する人もいる。睡魔と闘わず、車を停めて仮眠することが安全であろう。

四、悩魔（煩悩）

煩悩が人を苛《さいな》む。悪獣が牙で人を害するに例えられる。心も汚れる。けがれ、汚れにより、悩みが増える。他人の心の汚れとけがれた世相に悩鬼があろう。

(一)時代の濁り、戦争や疫病や飢饉などが多くなり、時代的な環境のけがれ、汚れ（劫《こう》濁《じょく》）である地球温暖化や、ストレス社会も時代の濁りであろう。

(二)思想の乱れ。よこしまな思想がはびこる（見《けん》濁《じょく》）。

(三)煩悩がはびこる。煩悩が燃えさかる。悪徳がはびこる（煩《ぼん》悩《のう》濁《じょく》）。

(四)衆生の果報が衰え、心が鈍く、身体弱く、苦しみが多くなる。人間の資質が低下する（衆《しゅ》生《じょう》濁《じょく》）。

(五)衆生の寿命が次第に短くなる（命《みょう》濁《じょく》）。

五、死魔（死）

死に神である。人を死に導く神である。死は、仏道修行の妨げとなる。自殺もある。

以上の「煩悩論」を見てみると、人間の破滅的行為は煩悩によって、その人の存在が社会的にまったく意味を持たない状態になり（セクハラ）、酒が身の破滅を招くこともある（アルコール依存症、飲酒運転など）。

不倫による夫婦喧嘩、離婚、家庭崩壊により、心に傷ついた子供が成長したり、父親像を知らぬ子供は、やがて自身が父親になった時、父親像、父親としての在り方がわからぬ。

家庭内暴力を見た子供は、それを善きこととし、継承し繰り返す。

お金に魅せられ執着し、人を殺す人も、物を盗む人もいる。人生、魔が差すことがある。人間の持つ心の汚れも悩みを増す原因であり、「心の病」、存在と煩悩具足の凡夫の煩悩による惑乱論は、不二一体《ふにいったい》であるように思われる。

統合失調症による幻覚、悪魔の出現も、意識、心の中に存在する煩悩魔、惛沈《こんじん》（心のめいる心作用）によるのであろう。

煩悩をいかに度脱するか、克服するか、この点が、人生には重要であろう。

資本主義の欠陥補充論

中和剤としての社会福祉政策

私たちの住んでいる資本主義社会は、本質的に不安定さを持っている。利潤の追求を経済活動の第一目的とし、資本家が生産手段を所有し、利潤追求のための自由競争をすることを経済社会の基礎とする国家であると言ってよいかと思う。資本主義社会は、私有財産制である。サラリーマン、あるいは会社経営者も、すべての人が家屋や私有財産を所有し、資本家と労働者の二階級の存在を基礎とし、生産は景気変動に左右される。価格も自動調整される経済社会であろう。

その資本主義国（capitalism）に対し、社会主義国（socialism）も地球上には存在していることはよくご存知と思う。

資本、土地などの生産手段の私有を廃し、社会全体で所有し、国家が全体の利益のために生産・分配を管理する社会体制であり、当然、社会主義国は、自らのイデオロギーの実現を目指し思想拡大運動をし、資本主義から共産主義に移行する過渡的形態であると考えている。

その社会主義経済は、市場経済によらず、生産手段の共有に基づく計画経済を中心とする経済体制である。資本主義を打倒する革命を経て社会主義は成立し、生産手段の国有化に基づく社会主義確立と共産主義への移行を目指す過渡期の国家と社会主義思想を信奉する社会主義者（socialist）たちは考え、一九一七年、ロシアは、ロシア革命社会主義革命を行い、ソビエト政権の成立を見た。

マルクス＝レーニン主義に立脚した社会主義法により、ソ連を始めとする社会主義諸国の法治国家が誕生したのである。

産業革命後、ヨーロッパでは資本主義の展開する中で共同体的秩序が崩壊し、優勝劣敗の競争と闘争が社会を支配した。

社会はブルジョアジー（有産階級、資本家階級）とプロレタリアート（無産階級、労働者階級）に分化・分裂して社会的不公平が広がり、経済的窮乏化が社会問題となり始め、階級対立の根を除去し、「経済的豊かさ」「社会的平等」「友愛と連帯」を追求する政治勢力、思想と運動が展開された。

一八二〇年代の後半には、社会の富を生産する手段を社会的に所有すると共に、労働に基づく公正な社会を実現しようという社会主義思想が、フーリエ、サンシモン、オーエンらによって提起され、空想的社会主義として登場する。十九世紀半ばからは、マルクスやエンゲルスによって科学的社会主義が展開され、ヨーロッパ各地社会主義政党を生みだす。

資本主義の矛盾を批判し、それを克服しようと実践し、社会主義運動が展開された。当時の初期の資本主義は多くの矛盾を持ち、マルクスの分析・批判は当を得ていた。

マルクス（一八一八～八三）は、ボン大学からベルリン大学を経て哲学博士となり、ドイツ観念論哲学を完結したヘーゲル（一七七〇～一八三一）門下生、ヘーゲル左派の系譜にあった。一八四三年幼なじみのイエニーと結婚、パリに渡ったが、過激な危険思想と受けとめられてパリを追われ、ブリュッセルで『共産党宣言』を執筆する。

一八四八～四九年のドイツ革命に参加、ロンドンに亡命し経済学などの理論研究および第一インターナショナル創立などの活動に従事する。

ドイツの社会主義者のマルクスは、エンゲルスと協力して科学的社会主義の思想を形成し、国際労働者運動の発展に尽力する。

マルクスは、理論的にも政治的にも民主主義的な急進主義者として出発し、現実の社会的諸問題との取り組みを通してヘーゲル哲学を批判的に検討し、克服する仕事にとりかかる。

ヘーゲルが、キリスト教の神を絶対的な理念・精神としてとらえ、あらゆる現実的なもの（自然、人間、社会）をその自己疎外態としてとらえたのに対し、フォイエルバッハは、理念的、精神的なものは、人間が作り出した非現実的な観念であると、真に現実的なものは、感性的、物質的なものであると唯物論を展開――。

マルクスは、そのフォイエルバッハの見解に共感し、これを手がかりに人間の人間的解放を真に実現するために、精神生活における開放やブルジョア的な自由主義者たちの言う解放だけでは不充分であると、その基礎にある物質的・社会的な生活、すなわち経済的な開放が必要であり、現実的な担い手は、プロレタリア階級であると考えた。

プロレタリア階級による社会主義共産主義革命はどういう点で人間的解放という意義を持ち得るかというテーマで人間の労働の意味、近代市民社会、資本主義社会に特有な「疎外された労働」（劣悪な条件下による長時間労働、資本家の搾取）の成立とその克服形態を探ることによって労働者の状態の考察を行った。

そして観念論から唯物論、自由主義から社会主義への移行を示し、フランスの労働者運動と直接結びつきを持つようになる。

『ドイツ・イデオロギー』（*Die Deutsche Ideologie*、一八四五年～四六年）により唯物史観《ゆいぶつしかん》の原理が提示され、『フォイエルバッハに関するテーゼ』の中で新しい弁証法的史的唯物論の哲学的方法論的な原理に基づいて語る。『哲学の貧困』（一八四七年）、『共産党宣言』（一八四八年）、『経済学批判』（一八五九年）もよく知られるところであるが、大著『資本論』は、資本主義の構造を解剖した主著として大きな意義をもつ。

マルクスの科学的社会観、史的唯物論社会発展段階説にあって、「史的唯物論」、この史的とは「社会を歴史的に見る」ということ、唯物論は「物質的な関係＝経済的諸関係から社会を見る」という意味であり、一番良く働いて富を生産している労働者が一番貧しく、人間らしい扱いを受けていない。労働者は一生懸命働けば働く程、自分が豊かになるのではなく、資本家を豊かにしていると、『資本論』（*Das Kapital*）は、汗にまみれて働く人間に焦点を当て「窮乏化《きゅうぼうか》の法則」を語る。欠陥だらけのマルクスの指摘した初期の資本主義も発展し、大きく変貌を遂げ、今日は働けば働く程豊かな生活の実現が約束されている。「窮乏化の法則」は、過去の遺物、歴史的段階の哲学と受けとめてよいであろう。今日は、努力すればするほど努力が報いられる社会となっている。

日本における社会主義の輸入は既に明治初期に始まっているが、マルクス主義の科学として現れたのは第一次世界大戦後のことであった。

一九五一年、コミスコ（comisco）を改組して社会主義インターナショナル（Socialist International）社会主義政党の国家組織が本部をロンドンに成立し、日本からも社会党と民主党も参加している。

マルクスは、当時のヨーロッパの情勢、さらには世界情勢に鋭い目配りをし、資本主義の全機構の体系的解明を試みる。「市民社会の現実的矛盾からの開放こそ必要である」と市民社会の解剖学を基礎視座とする。

市民社会の現実としての疎外された労働を問題とする。人間にとって生活とは生産という活動であり、社会とは生産活動の体系である。

歴史的社会をまず物質的生産の体系としておさえ、精神的活動の諸領域、つまり政治家、宗教家、芸術家は、一般に支配階級の側に身を置き、土台＝上部構造という基本的立場をとる。

社会主義、共産主義の流れを汲む将来社会への展望は生きるために必要な労働時間を極小に近づけ、剰余の時間、自由の領域（階級的支配、抑圧の解放、生きるために働かざるを得ぬ労働からの解放）をも意味し、それを極大化することによって一人一人の諸能力を全面的開花をもたらすことができ、労働の形をとることなく諸個人の自由な自己実現の活動の中に吸収される。社会主義、共産主義の将来社会像はこのようなものであった。

共産主義は、私的所有の積極的止揚の運動と言えよう。

しかしながら、今日の日本においては民営化が効を奏していることは、私共のよく知るところである。民営化が進み民間活力の導入展開が進んでいる。

さて、共産主義（communism）は、マルクスとエンゲルスによって創始された思想を言い、共産主義とは、社会体制であるマルクスの『ゴータ綱領批判』によると広い意味の共産主義社会は、二つの段階、第一段階が社会主義、第二に共産主義と称される。

共産主義社会は、資本主義と異なり成員の平等が実現されるのであるが、平等は、労働を等しい尺度とすることによって可能であるとする。

生産力の飛躍的展開を前提とする共産主義は、それ自身の土台の上に発展した共産主義社会であり、分業のもとへの諸個人の従属は克服され、労働の止揚とそれの人間的活動への転化が実現し、諸個人の全面的発展が可能となるとされている。

マルクスの共産主義は、生産かつ水準や自由と民主主義の発揚などあらゆる止揚において、資本主義に優位するものとして性格づけられていた。

しかしながら今日の現存する社会主義においては、経済的困難、自由と民主主義の抑圧、未成熟などその諸矛盾が広く問題として顕在化している。

現在の資本主義における諸矛盾も深刻化、顕在化し、マルクスの時代には存在しえなかったいくつもの大きな人類的変化を経験し、そうした変容を踏まえた人類的展望が模索されるべき状況にある。

今日、世界の諸国の相互連関がより緊密になり、世界システム的視点は、先進資本主義国において諸矛盾の止揚を論じる場合、不可欠となっているであろう。

そして、人類は、初めて現実的なものとして、直面している地球規模の生態系の危機、地球規模の温暖化防止CO2の削減などの問題も、マルクスの環境時代になかった二十一世紀の社会人類生存の危機地球壊滅の危機の問題としてクローズアップしている。

現代資本主義社会における社会問題の類型は、「失業問題」「労働条件の諸問題」「貧困問題」「公害問題」「老人問題」「逸脱行為の諸問題」「差別問題」「教育問題」「宗教問題」などがあり、十九世紀後半から現在まで格別の重要性を担ったのは、「失業問題」である。

一九三〇年代、大不況期には、先進資本主義国家は、大量化した失業者を深刻な社会問題と見なし、政策、制度によって対応を展開した。

失業者の大量化は、労働者にそれをもたらした資本主義体制への不満をつのらせ社会主義勢力への支持を高め、政治体制の危機となる。

労働者は失業によって物心両面で苦痛を味わい、それをヒューマニズムや人権思想に基づき人道的に社会問題であるとする。

社会問題は、実在としての社会が社会を構成する諸要因の連関から産出したもので、社会体制（資本主義）、人口構造（高齢化）社会制度、文化、社会組織と社会集団（反社会的集団、企業組織、管寮制）災害の諸形態も注目される。

社会問題の制御を目指すのは、「社会政策」であり、基本的人権思想、政策科学に基礎づけられている。つまり、社会政策の在り方によって規定される。

社会問題の制御を要求する運動は、制度化されていく傾向があり、福祉社会の構築も社会問題の制御にとって不可欠の条件であろう。

日本国憲法第二十五条「すべての国民は健康で文化的な最低限度の生活を営む権利を有する。国はすべての生活部面について社会福祉、社会保障、および公衆衛生の向上に努めなければならない」。日本国憲法で示す「健康で文化的な最低限度の生活を営む権利」はすべての国民の持つ生存権であり、広義の社会福祉をさす。

一九三〇年代以降、生存権思想に基礎づけられて社会保障（social security）が先進資本主義国家で社会福祉サービスとして登場してくる。

社会保障制度の存立は、現代資本主義体制の産物であるとの見方があろう。

資本主義体制の基本的性格は、社会主義体制との対抗関係にあろう。

国内の社会主義勢力と抗争し、その体制を維持してゆくために民衆の支持を得なければならず、そのための政策を基盤とする完全雇用政策（失業問題を最少限に防止）と社会保障政策（失業者や労働力をしっかり持っていない人の生活を保障する）であろう。

第二次世界大戦後これらの政策を実施する国家を福祉国家と言い、体制の維持、発展に成功してきている。基本的目的は、国民の生存権保障である。

社会保障制度の思想的基礎は、生存権思想にある。生存権は、人間らしく健康で文化的な生活を営むための基本的権利であり、憲法二十五条で規定されている。

その現代基本権の本質は、国家が経済社会の運動に介入し、労働者階級の生存を保障するところにあり、「健康で文化的な最低限度の生活を営む権利」と表記されている。

社会保障制度の基本的な機能は所得の再分配であろう。自己の利益を追求するのと対照に愛他主義を原理として社会的市場を形成する。

一九五〇年社会保障制度審議会においては、

社会保障制度とは、疾病、負傷、分娩、廃疾、死亡、老齢、失業、多子その他困窮の原因に対し、保険的方法又は直接公の負担において経済保障の途を講じ、生活困窮に陥った者に対しては、国家扶助によって最低限度の生活を保障するとともに、公衆衛生および社会福祉の向上を図り、もってすべての国民が文化的社会の成員たるに値する生活を営むことができるようにすることをいう。

と勧告されている。

現在は社会保険、公的扶助、社会福祉、公衆衛生、医療、老人保健を狭義の社会保障とし、恩給と戦争犠牲者援護を加えて広義の社会保障としている。

住宅と雇用（失業）対策を、社会保障関連制度としている(1)

注

（1）『新社会学辞典』有斐閣、一九九三年、六六一頁。

今なぜ児童福祉なのか

わが国は、世界でも類を見ない高齢社会の到来によって、高齢者問題すなわち高齢者福祉のみがあたかもすべての如く思われ、「児童福祉」「障害者福祉」の分野論は陰を潜めてるかの如き状況にあろう。

乳幼児期・学童期があり、思春期の到来があり、人生は開花に向かうが、満十八歳未満は「児童福祉」の対象であり、そこには「児童福祉法」が存在している。児童の心身の健全な成長、発達を保証する法律である（一九四七年の公布）。

初等教育の対象である児童期・学童期（childhood）は、社会が本格的訓練を開始する時期でもある。乳幼児を健やかに育てる営みとして、幼稚園・保育園通園があるが、家庭、家族も重要な担当者であることを忘れてはいないか。

家庭教育において、しつけなどの個別的な保育が行われるのに対して、幼稚園・保育園は集団（的）保育である。プログラムを基に組織的に保育する社会的保育といえるだろう。そこでは社会性を身につけ、社会的自立を図る体験をすることになるだろう。

親には育児責任がある。乳幼児を育てる育児意識があるものであるが、家庭の教育的機能が変化し、弱体化し、孤立する親、育児不安に陥る親も増えている。核家族化により、育児文化を祖父母から受け継ぐ機会も欠ける状況があるからである。

就労により、母親が育児から疎遠になり、保育所、保育ニーズに社会的役割が求められ、学童保育も社会的保育としてであろう。

ソーシャルケアー(Social Care)といって、児童の健全な人間形成を図る社会的養護として、社会が補充、代替する役割が大きい。

人間として望ましい生活が保障されないため、その解決予防のために社会的援助が必要であろう。社会的保障制度であるから、経済的給付をともなう。

児童問題は、古くは貧困・孤児・遺棄・虐待・間引き・堕胎・人身売買・酷使・冷遇・犯罪・子殺しなど、児童の生活を破壊し、心身の健全な成長発達を阻害する状況があった。

現代の児童問題は何であろうか。

貧困・養護・保育・心身障害・犯罪・非行・年少労働・遊び場・保健・医療・教育・文化などがあり、特に一九二〇年代、「児童の権利」の承認により、一層、児童の人権擁護が重要視されるようになった。つまり子供たちの権利なのである。

生活上の困難として、ⓐ生活費の不足、ⓑ養育者の喪失、ⓒ養育者の教育能力の不充分さ、ⓓ心身機能の障害による日常生活能力の欠損、不充分さ、ⓔ逸脱行動(本筋から外れた行動)、ⓕ好ましくない生活環境、文化環境、家庭養育の代替機能、補完機能、支援機能などがあろう。

家庭には、親による意図的なしつけや訓練があり、自然に身につける人間形成、そして学校や仲間集団が就労年齢以降増す。その中で、家庭はパーソナリティ（人格・個性・性格・特性）の工場としての重要性を持つであろう。その家庭における「機能不全」が、さまざまな問題を引き起こしている。

一、家庭内暴力

二、虐待（性的虐待）など

これらの児童の避難所・居場所、対人サービスも大切である。

児童福祉施設として十四施設がある。(一)助産施設、(二)乳児院、(三)母子寮、(四)保育所、(五)児童厚生施設、(六)児童遊園・児童館、(七)養護施設、(八)精神薄弱児施設（重度精神薄弱収容棟・自閉症児施設）、(九)精神薄弱児通園施設、(十)盲・ろうあ児施設、(十一)虚弱児施設、(十二)肢体不自由児施設（肢体不自由児通園施設・肢体不自由児養護施設・重度病棟など）、(十三)重症心身障害児施設・情緒障害児短期治療施設、(十四)教護院、などである。

入所や相談は、福祉事務所や児童相談所にて行われる。義務教育年齢にある時は学区内の学校に通う、あるいは特殊教育の対象者は、施設内で学校教育を受けるという学校教育法がある。

問題の所在は何であろうか。

家庭・家族は安らぎの場であり、戦場ではない。家族の和、人間関係は重要である。

一、家庭内暴力

親の子供に対する暴力、夫婦間の暴力、兄弟間の暴力、成人の老親に対する暴力など、わが国では家庭内暴力がよく新聞面をにぎわす。

未成年者による親への暴力は、ほとんどが不登校にともなう暴力が特徴的である。「総理府」一九八〇年『家庭内暴力に関する調査研究』には、十五歳前後の男子による母親に対する暴力が大半を占める。神経症型・精神型・一般型・一過性型（症状が短い間に起こり、また消える性質のもの）があろう。

家庭内暴力の原因として、
(1) 親の要因・父性欠如・母子密着
(2) 本人の要因（小心・忍耐性の欠如・小児万能感）
(3) 契機・誘因　学業不振などの挫折体験・自信喪失
などが指摘されている。

一九八九年の全国児童相談所長会全国調査では、父母から虐待を受けた子が、半年にて千人を超え、保護怠慢・拒否・身体的暴行・棄児・性的暴行・不登校などが見られるという。

二、虐待は、弱者による強者の力の行使、支配である。身体的障害・精神的障害・性的暴行などがあろう。児童・配偶者（妻）・老人・障害者と児童虐待が社会問題化している。

不当な扱いとして、

(1) 身体的暴行
(2) 保護の怠慢ないし拒否
(3) 性的暴行
(4) 心理的虐待
(5) 施設における不当な扱い
(6) 家庭内における児童の不当な使役、ポルノグラフィー・売春・児童労働の搾取など
(7) 薬物・アルコール依存への誘発・マスメディアの刺激・食料の不足や飢餓・教育問題・戦争

などがあげられる。

三、非行

青少年問題は『青少年白書』がその実態を語る。

青年は十五〜二十四歳であり、少年は六〜十四歳の義務教育段階者であろう。就労上の問題や就学上の問題があり、少年非行つまり逸脱問題があろう。

社会秩序の順応という点で、反社会的問題行動、すなわち社会の人々に迷惑をかける行動や、非社会的問題行動、社会の人々に迷惑はかけないが、自己の人格的な発達を障害するような行動「非行」、道義（人の行うべき正しい道・道徳のすじ道）にはずれた行為をする非行少年が結構見られる。

地域社会の予防活動の展開や組織化、家族・学校などの社会的機関の教育統制機能の充実、グループワークなどの提言が、非行抑制理論によってなされる。

反社会的、非社会的な問題として、社会生活をする人々に少なからず影響があるため、抑制が必要であることは申すまでもないことであろう。

子供たちは発達し成長してゆく、小さな大人たちである。

里親制度（foster care）について

児童福祉法第二十七条は、養護を要する児童を一般家庭に委託して、その育成を図る制度として里親制度を定めている。集団的養護、個別的養護である。

養育里親、養子縁組里親、登録里親、実際に養育しているものは受託里親という。

一九八八年の民法の改正によって、特別養子縁組制度を導入し、「里親等家庭養育運営要綱」が定められ、里親制度の基準も改正されている。

Family group home

地域社会の一般的家庭にて、一組の夫婦、少人数の職員が交替で少人数の養護児童を養育する、社会的養護の一形態である。〝できるだけ家庭的雰囲気の中で養育する〟と共に、地域社会の一成員として、地域の人々と交流しながら成長することを目指すホームである。反社会的および非社会的行動傾向を持つ児童に対する専門的治療の場として、有効性が発揮されている。

一九八四年、全国で四十四ヶ所あり、施設分園形、里親型、養育家庭型、家庭擁護寮型、独立型がある。

日本の美しい自然の中で、失われた人間性を回復し、蘇生することができたら、社会にとっても何と素晴らしいことであろうか。
子供たちの生活の場、健全育成、成長の場として、地域社会の子供として、親心による暖かな愛情による育成、人間性の回復を目指す構想として「ファミリーグループホーム」、一提言もある。国の宝としての子供たちが健全に成長し、願わくば地域に安住し、活躍してくれることがあれば、願ってもない幸せ、喜びではないか。

参考図書
拙著『「心の病」発病メカニズムと治療法の研究』（国書刊行会）
拙著『心の病の人間学「心の病」発病メカニズムと治療法の研究Ⅲ』（阿弥陀寺教育学園刊）

結びにあたって

遠く宿縁を慶べ

どの家庭にもその家の精神史があろう。両親・祖父・祖母があり、祖先が生きた証、心の糧、足跡があるであろう。

家の歴史上に篤信者がいて、信仰の種を蒔き、それが直接的な原因（因）となり、間接的に因を助け、結果を生じさせる作用として縁があり、実を結ぶ。すべては因果応報の法則、因果の道理によっている。

親鸞聖人の宗教的境遇を語る「行信を獲ば遠く宿縁を慶べ」（『顕浄土真実教行証文類序』愚禿釈の鸞）という宗教的信条はよく知られる告白的な遺訓である。自ら発心し帰依したと考えていた「廻向発願心」、求道心も、すべてが自らの創造性や手柄ではなく宿縁のお蔭であることを顕わしている。

主我性の強い煩悩具足の凡夫のわれらのこと、万般が自らの手柄や功績のように思いがちである。ところが親鸞聖人は、すべては前世からの因縁であり、前世に作った業因、宿世の因縁、過去の世の結果として生じた現在の宗教的境遇、覚醒であると語る。縁もゆかりもない、縁なき衆生は度し難い、仏縁なき者は救い難い、人の言を聞き入れないものは救いようがないと、宿縁の尊さを述懐する。

父母の御加護による人の一生は親の愛情物語であろう。先達の叡智が父母の心にも継承され、子供へ孫へと受け継がれていく。以心伝心、心の継承である。

瓜の蔓《つる》には茄子《なす》は成らぬと諭す。

人生航路、家の精神史には血筋や家系、血統も存在するであろう。

筆者の母上、弘子（明治三十八年十月二十日生～昭和六十一年十二月三十一日）は、布教師である父、井上薫成師の長女として生前父親のお話をよく語った。大分県今津の空蔵寺のお話である。

兄が日露戦争の通訳に徴用され寺を不在にし、次男の薫成師は長崎にて医師になる勉強をしていたが、僧侶の道を進むことになった。

兄が寺に帰ってきたため、薫成師は鹿児島の別院などにて布教師として積極的に教えを弘め、縁あって愛媛県宇和島の寺を復興したり、精力的に寺院復興建立に活躍した布教師であった。

大阪南御堂にて布教をしていた大正十四年一月、名家の石川弘氏および若林市之助氏の二人の篤信者が、天正六（一五七八）年、僧、教哲創建の本堂、庫裡《くり》、門をもった大阪生野区の妙信寺が無寺無住になっていることを嘆き、再建をと発心し寄進をして復興、石川弘氏の御縁で井上薫成師が住職に晋山した。その後大阪生野区の妙信寺は孫・文克住職が六十数年寺を守り、本堂も落慶《らっけい》し現在も寺は敏樹住職が晋山して活動中である。

本願寺は今、七百五十回の御遠忌を迎えるため本山の屋根の葺き替えを終え、その準備に専心している。

浄土真宗では古風な正式の読み方は、遠忌「おんき」と読むのであるが、一般の人々のためにに「えんき」とも読む。

通常は五十回忌で先祖代々となるが、五十回忌以後、御遠忌は、一宗の開祖・宗祖や中興の祖、その他寺の開基などのために行われる法要である。

世の人に「遠」を「おん」と読ませるのが難しいという配慮から「ごえんき」と読んでいる。

本願寺の七百五十年の血脈および法脈の法嗣《ほっす》（跡継ぎ）の歴史の重みには、驚天動地の想いと共に、民衆である門徒の信仰心、崇敬心の偉大さ、永遠なる響きを感知するであろう。

『遠忌大観』（中外日報社、明治四十九年一月十日刊、一八五頁「東本願寺遠忌史」）には、六百五十回忌御遠忌の記録があり、「井上薫成師は明治三十四年四月第三区教務監督を命ぜられる。同三十九年八月、特撰賛衆を命ぜられる。同四十三年九月特撰賛衆の再命を受く。大遠忌中は講中接待参列係、及紀念伝遠布教を命ぜられる」と六百五十回御遠忌の配役として井上薫成師の写真が掲載されている。六百五十年の御遠忌に活躍した、母上の父親である薫成師のその活躍が記録され残っている。筆者はその孫に当たる血脈上にあることになる。

このような誰の家にもある史実は記録されなければ、精神史として残らず次第に忘れられてしまうに違いない。

高校、大学生の頃、愛知県に父の故郷のある筆者は、妙信寺によく遊び、お世話になった記憶が蘇る。

妙信寺、文克御住職坊守には随分お世話になり、子供たちとも楽しく遊んだ若い日の想い出が心に浮かぶ。

その絆も筆者の四男・御本書《ごほんじょ》君が遅ればせながら出家したいと発心し希望するため、平成二十二年二月三日京都の東西両本願寺を参拝し、翌四日、大阪妙信寺に伺い、初めて井上薫成師のこと、妙信寺坊守の父上、橋川恵順師のことを聴聞し『遠忌大観』（一八五頁）

の師の御写真をも拝見した。

「慰同と救護に尽力せられたる同師は明治二十三年六月、日本仏教法話会創立、同二十六年五月京華看病婦学校創立、同三十四年四月、常葉幼稚園創立経営主任たり。市内および大阪府三島郡、滋賀県甲賀、栗田両郡などに亘りて、都合三十五ヶ所の布教所を開設し、毎月一回以上布教す」と記録されている。心の軌跡として今日在ることの白道が明らかに示された感がする。

私の本棚に『印度仏蹟を尋ねて』一九七〇年発行の布教ブックス小冊子がある。後に『坊主の求道　仏蹟を訪ねて』（国書刊行会、昭和五十年刊）は、懐かしい筆者のインドへの旅、釈尊の故郷を尋ねた処女作である。

著者略歴の頁にて若き日の筆者の姿を知ることができる一文がある。

昭和十九年愛知県生まれ。東洋大学大学院文学研究科博士課程卒業。仏教学印度哲学専攻。大学時代社会学を専攻していたが、西田幾多郎の『善の研究』や『歎異抄』などに影響され、社会学では〝悟り〟が開けないと仏教学専攻の学生に転じ、以来九年間大学にとどまった。昭和四十五年三月、インド旅行の末、実践仏教を志し父と共に船橋市に阿弥陀寺を開基、翌年三階建寺院にしたあと、千葉市千葉県庁近くに阿弥陀寺千葉支院を開き、三ヶ年二ヶ寺開基に成功した。

近頃は、寺内に「仏事指導室」を設けやさしい生活仏教入門の相談活動にあたり、全国の朋友から便りや電話相談が頻繁である。〝仏事相談〟は、東京タイムズ、FM東京、大法輪、千葉日報でも話題になり遠くのみならず地域文化にも貢献して人気を呼んでいる。

著述には「親鸞聖人に現れたる罪悪観」（『東洋大学大学院紀要』）、「独力で阿弥陀寺を創る」（『大法輪』）、首都圏に三ヶ年で二ヶ寺開基などがある。

『インド仏蹟を尋ねて』のインドへの旅の主催は、日本仏教鑽仰会大阪センター代表井上文克住職であり、参加者は女性三名を含め十三名、著者が最年少であった。昭和四十五年二月十二日から翌月三月二日までのインド・ネパール・タイ・カンボディア・香港の五ヶ国訪問の記録が残されている。

このインド仏蹟の旅にて筆者は仏教なき釈尊のふるさとにショックを受け、日本に仏教衰退があってはならぬと真摯に住職道、仏教宣布の道に生涯を捧げる決心を得るのである。

年若く未熟な世間知らずで怖さ知らずの筆者であったが、妙信寺井上文克住職および大阪の御住職方を始めとした参加者にお世話になり、釈尊の故郷を訪ねることによって生涯を決定する程の人生体験を経験したのである。

ニューデリーの首相官邸にてインディラ・ガンジー女史首相にもお目にかかり、それはインドにて合流した日本仏教鑽仰会（東京）理事長、中山理々先生の御配慮のお蔭であったとも思える。

仏縁とは不思議なもので、そのように偏に他力のお蔭により、本願力廻向の賜として生涯が展望していくありがたさを、筆者も六十五歳を超えて住職道四十年の今日感知するのである。

「行信を獲ば遠く宿縁を慶べ」。『教行信証』の愚禿釈の鸞、親鸞聖人の宗教的告白、その言葉の深遠さ、聖人の魅力を改めて知ることになる。


さて筆者の人生は、夕暮れの見える年齢に達し、今、若い時から魅せられた親鸞聖人の衆生救済道を訪ねて『孫、子に贈る親鸞聖人の教え』を著述し終え、本願寺中興の祖八代目の蓮如上人を偲び、親鸞聖人の教えに帰依乗托する有縁の大勢の御門徒と共に、その伝道教化の日々を過しつつある。

『蓮如　北陸伝道の真実』（北国新聞社刊）を始め『蓮如上人の臨床福祉実践思想』などの本願成就の構想をも進めている。

索漠とした現代社会に永遠なる仏教の叡智が蘇り、一人でも多くの人々が安心立命の心安らかな日々を迎えられることを願ってのことである。

ＣＯ2削減という突然表面化した地球規模の人類滅亡の危機救済という仏教エコロジーの問題もあろう。それは今後の著述の課題でもある。今は現代に生きる人々が正しい信仰を得て生きる喜びに号泣し感謝報恩のまごころに生きられることを念じ筆を置くこととする。浅学菲才の点は御容赦いただきたい。

本著誕生は、大学院生時代より親交のあった国書刊行会・佐藤今朝夫社長及び、共に汗水を流した今野道隆編集御担当の御尽力のお蔭であり、心から敬意を表し感謝申し上げたい。大勢の方に手にして頂きお読み頂ければこの上もない喜びである。

平成二十二年二月十日早朝　本堂の見える阿弥陀寺書斎にて　筆者識す

宇野弘之（うの・ひろゆき）

1944年、愛知県生まれ。宗教哲学者。1969年、東洋大学大学院文学研究科修士課程修了、1972年、同大学院博士課程でインド学仏教学を専攻研鑽。

1998年4月に介護福祉士養成校として専門学校「新国際福祉カレッジ」（介護福祉学科）、救急救命士養成校として「国際医療福祉専門学校」（救急救命学科）千葉校を設置し、学校長に就任。2004年4月、千葉校に精神保健福祉学科及び通信制、理学療法学科を増設。2007年4月、石川県七尾市に救急救命士、理学療法士、作業療法士を養成する国際医療福祉専門学校の七尾校を設置し、学校長に就任。

●主な役職

【宗教法人】浄土真宗　霊鷲山　千葉阿弥陀寺住職

【学校法人】〔阿弥陀寺教育学園〕能満幼稚園・ちはら台幼稚園・専門学校新国際福祉カレッジ・国際医療福祉専門学校　各理事長

〔宇野学園〕千原台まきぞの幼稚園・おゆみ野南幼稚園　各理事長

【社会福祉法人うぐいす会】特別養護老人ホーム誉田園・介護老人保健施設コミュニティ広場うぐいす園・ケアハウス誉田園・指定障害者支援施設こころの風元気村・稲毛グループホーム・デイサービスセンターはなみずき　理事長

【有料老人ホーム】敬老園ロイヤルヴィラ（稲毛・西船橋・八千代台・大網白里・水戸・札幌・東京武蔵野・千葉矢作台・千葉城そば）・ナーシングヴィラ（東船橋・浜野・八千代台）　各理事長

【医療法人社団シルヴァーサービス会】シルヴァーサービス会理事長、介護老人保健施設船橋うぐいす園・デイサービスセンター矢作　理事長

【霊園】メモリアルパーク千葉東霊園・佐倉メモリアルパーク・船橋メモリアルパーク・市川東霊園・市川聖地霊園・メモリアルパーク市原能満霊苑・桜の郷花見川こてはし霊園　各管理事務所長

●主な著書

『坊主の求道－仏蹟を尋ねて－』（国書刊行会）、『わかる哲学－古今東西の哲学－』、『如是我聞』、『私の哲学教室』、『仏事大鑑』（国書刊行会）、『般若心経の話』、『教行信証の話』（〈アジア文化〉早稲田大学出版会）、『大無量寿経講義』、『阿弥陀経講義』、『観無量寿経講義』、『正信念仏偈講義』、『十住毘婆沙論講義』（山喜房佛書林）、『住職道』、『高齢化社会における介護の実際』（国書刊行会）、『大乗仏教の社会的救済実践とその思想。－仏教福祉学序説』、『大乗仏教の社会的救済実験とその系譜』（阿弥陀寺教育学園出版局）、『「心の病」発病メカニズムと治療法の研究』（国書刊行会）、『心の風治療法』、『心の病の人間学』、『仏教精神生活療法』、『宇宙法則の発見』（阿弥陀寺教育学園出版局）、『孫・子に贈る親鸞聖人の教え』（中外日報社発行、発売法藏館）、『蓮如　北陸伝道の真実』（北國新聞社）

親鸞聖人の救済道

2010年7月24日　初版第1刷発行

著　者　　宇野　弘之

発行者　　佐藤今朝夫

〒174-0056　東京都板橋区志村1-13-15
発行所　国書刊行会
TEL.03(5970)7421(代表)　FAX.03(5970)7427
http：//www.kokusho.co.jp

装　丁　立川加奈子

印　刷　株式会社シーフォース　製　本　株式会社ブックアート

ISBN978-4-336-05253-7

浄土真宗名句辞典

藤村義彰　宗祖親鸞を始め、第三代覚如・覚如の子存覚・第八代蓮如等の著作や法語の中から優れた文章・名句を精選し、句毎に訳文・解釈・註を施す。巻末に内容別章句索引を付す。浄土真宗の思想の流れを辿った好著。

四六判・上製　五九〇頁　六、九三〇円

真宗寺院ハンドブック　全二巻

藤田徹文監修　浄土真宗寺院のあり方、布教伝道の方法、寺院・墓地の運営、法務等を丁寧に解説。あわせて門徒との対応やコンピュータを使った日常の寺務等、これからの寺院のあり方にもふれる。本山ガイド等資料編付。

B5判・並製函入　四五〇頁　一一、二二四円

浄土真宗　臨終・通夜・中陰法話集

宇野行信他編　日常法務の現場、ご門徒から問われる仏の話、宗教の話を、僧侶がそれぞれ出遇った多くの事例を、臨終・通夜・中陰に適した法話としてまとめたもの。日頃接するご門徒方や、布教にも対応できる法話集の決定版。

菊判・上製　三〇八頁　六、〇九〇円

※表示価格は税込

住職道

宇野弘之　現代社会における寺院の役割りを大乗仏教精神による衆生済度の念からの考察・実践過程から明らかにする。都市における布教の実際から、高齢化社会への奉仕、仏教精神による教育活動など著者二十五年の「住職道」。

四六判・上製　二二四頁　二、〇三九円

「心の病」発病メカニズムと治療法の研究 精神保健福祉学序説

宇野弘之　臨床福祉の現場にある著者が、現代ストレス社会にあって心の病で苦しむ大勢の人たちの治療救済の道を探求した成果。西洋思想の上に東洋思想、とくに仏教思想を加味して論述する。

A5判・上製　二七六頁　三、九九〇円

高齢化社会における老人介護の実際

宇野弘之　有料老人ホームの質・量が強く問われる社会状況がすでに始まっている。仏教福祉の実践者がこれまでの全国十数施設の有料老人ホーム経営と老人介護の実際から、現場のケアー実例を資料・写真で明らかにする。

四六判・上製　一五二頁　二、〇三九円

※表示価格は税込